攻防から読み解く「土」と「石垣」の城郭

風来堂 編

Furaido

JIPPI Compact

実業之日本社

はじめに

城は敵からの攻撃を耐え抜く防衛施設として、あるいは逆に敵国へと侵入するための前線基地として、戦国時代を中心に全国で三～四万も造られたといわれている。大坂城や江戸城、熊本城のような一部の巨城を除いて、設計プラン通りに地形を大幅に改変して築城できることは極めて稀だった。

麓との充分な比高（高低差）や、大勢が同時に移動しづらい侵入路、兵が多数駐屯できる城内のスペース、周辺地域を見晴らせる眺望など、城造りにおいて必要とされるセオリーは、いくつか挙げられる。だが実は、これらをすべてクリアした理想の城など、現実にはほとんど存在しなかった、と言っても過言ではない。

例えば、自身の領地が平坦な湿地帯ばかりだったり、限られた狭い峠に前線基地を設ける必要があったりと、城造りは常に地形的制約とともにある。敵と対峙する前に、まず「目の前の自然をどう攻略するか」が必然的に問われるのだ。

だが、そこにこそ築城技術の真骨頂がある。天然の地形を活かせば労力は必要最低限になるが、守るに脆くては軍事施設として意味をなさない。縄張図とともに数百年前の土木工事の跡を目のあたりにすれば、各城の築城者たちがそれぞれ何を弱点と考え、どこを絶対死守ラインに設定していたのかが推定できる。実戦の舞台となった城では、戦いの推移からそれらが浮かび上がってくることもあるだろう。

その答えは、もしかしたらひとつではないかもしれない。また、いくつもの城が時代を経て改築されより強度を増していったように、「ここをもっと強化すれば……」と、さらなる工夫を凝らせる可能性も隠されている。

本書には、タイプの異なる三〇の城を掲載している。有名無名問わず、どの城もそうした「新しい城の見方」が発見できる個性派揃い。一読、二読するごとに、武将達の知恵を尽くした「戦国時代のリアル」が見えてくるはずだ。

目次

第二章　実戦分析から見えてくる堅い城・脆い城

第三章　名城もし戦わば……その強さを徹底検証

第四章 セオリーに反するナゾだらけのレア城

編集　泰井綾子・今田 壮（風来堂）
デザイン・DTP・図版作成　国井 潤
装丁　杉本欣右
執筆　青柳智規、加藤桐子、三城俊一、藪内成基
校正　今田 洋

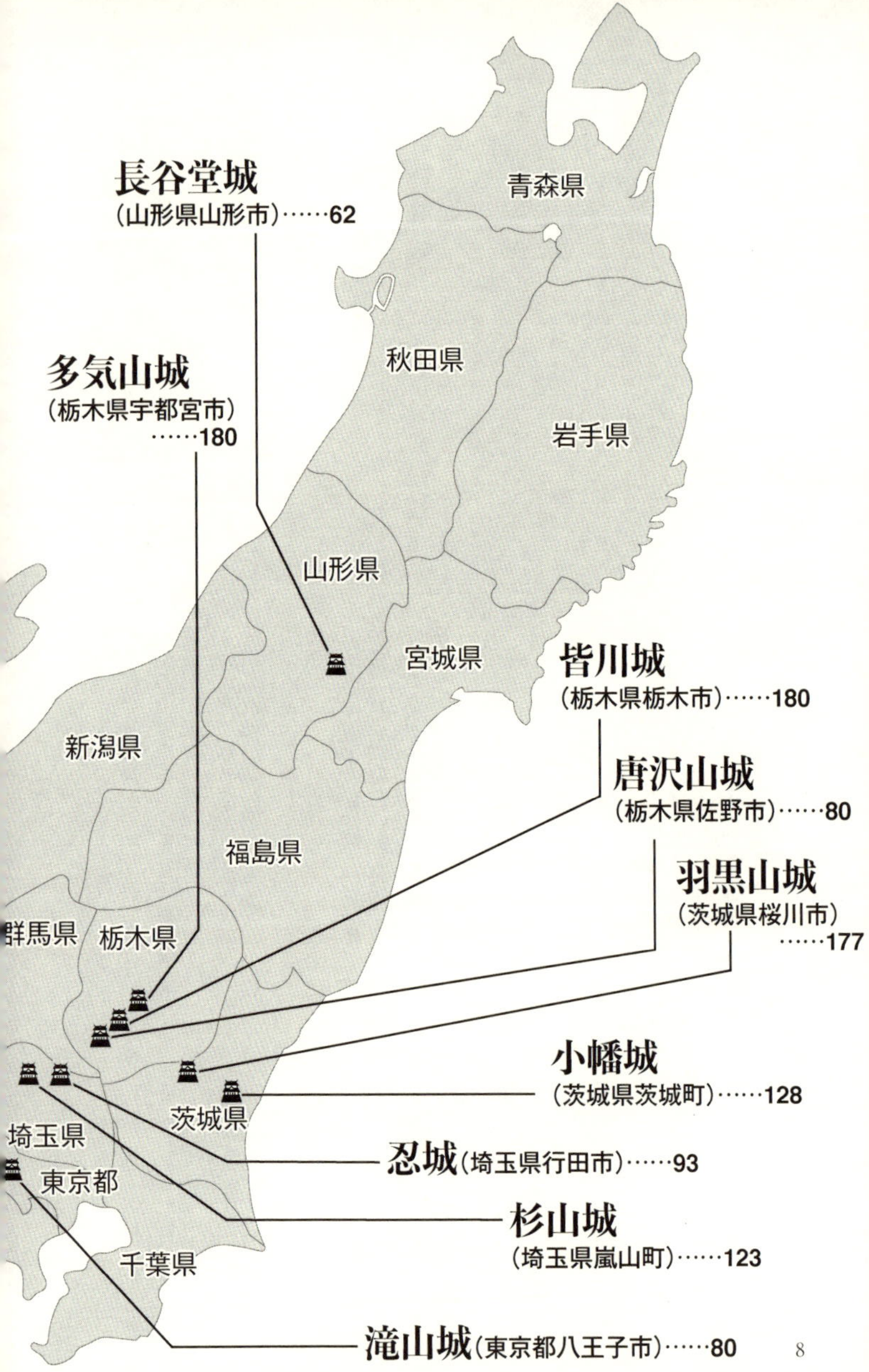
長谷堂城
(山形県山形市)……62
多気山城
(栃木県宇都宮市)
……180
皆川城
(栃木県栃木市)……180
唐沢山城
(栃木県佐野市)……80
羽黒山城
(茨城県桜川市)
……177
小幡城
(茨城県茨城町)……128
忍城(埼玉県行田市)……93
杉山城
(埼玉県嵐山町)……123
滝山城(東京都八王子市)……80
青森県
秋田県
岩手県
山形県
宮城県
新潟県
福島県
群馬県
栃木県
茨城県
埼玉県
東京都
千葉県

◆本書で紹介している主な城〈東日本〉

埴原城
（長野県松本市）……171
七尾城
（石川県七尾市）……70
岩殿城
（山梨県大月市）
……134
長篠城
（愛知県新城市）……87
石川県
富山県
福井県
長野県
岐阜県
山梨県
愛知県
静岡県
神奈川
二俣城（静岡県浜松市）……87
高天神城
（静岡県掛川市）……98

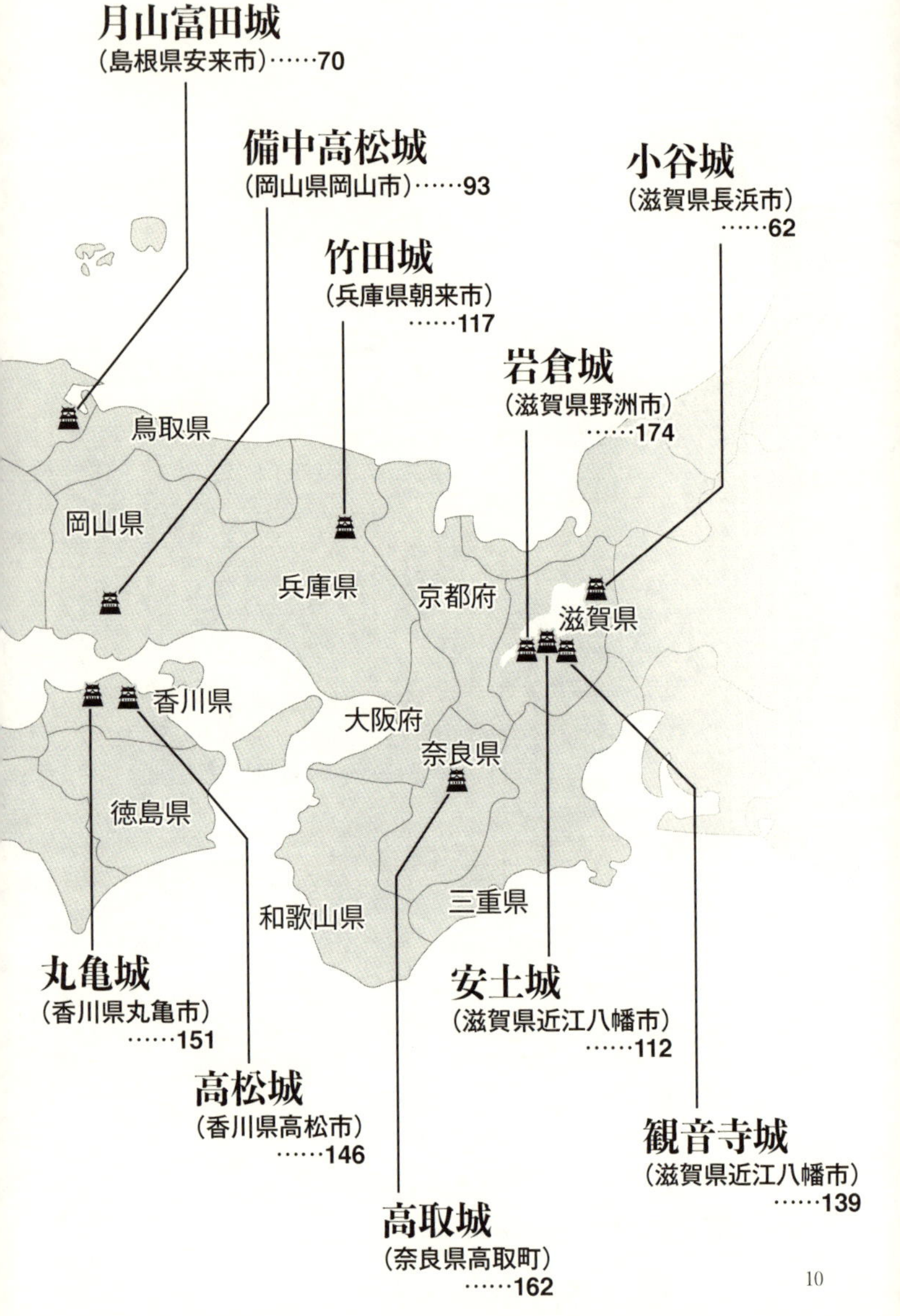
月山富田城
(島根県安来市)……70
備中高松城
(岡山県岡山市)……93
小谷城
(滋賀県長浜市)
……62
竹田城
(兵庫県朝来市)
……117
岩倉城
(滋賀県野洲市)
……174
鳥取県
岡山県
兵庫県
京都府
滋賀県
香川県
大阪府
奈良県
徳島県
和歌山県
三重県
丸亀城
(香川県丸亀市)
……151
安土城
(滋賀県近江八幡市)
……112
高松城
(香川県高松市)
……146
観音寺城
(滋賀県近江八幡市)
……139
高取城
(奈良県高取町)
……162

◆本書で紹介している主な城〈西日本〉

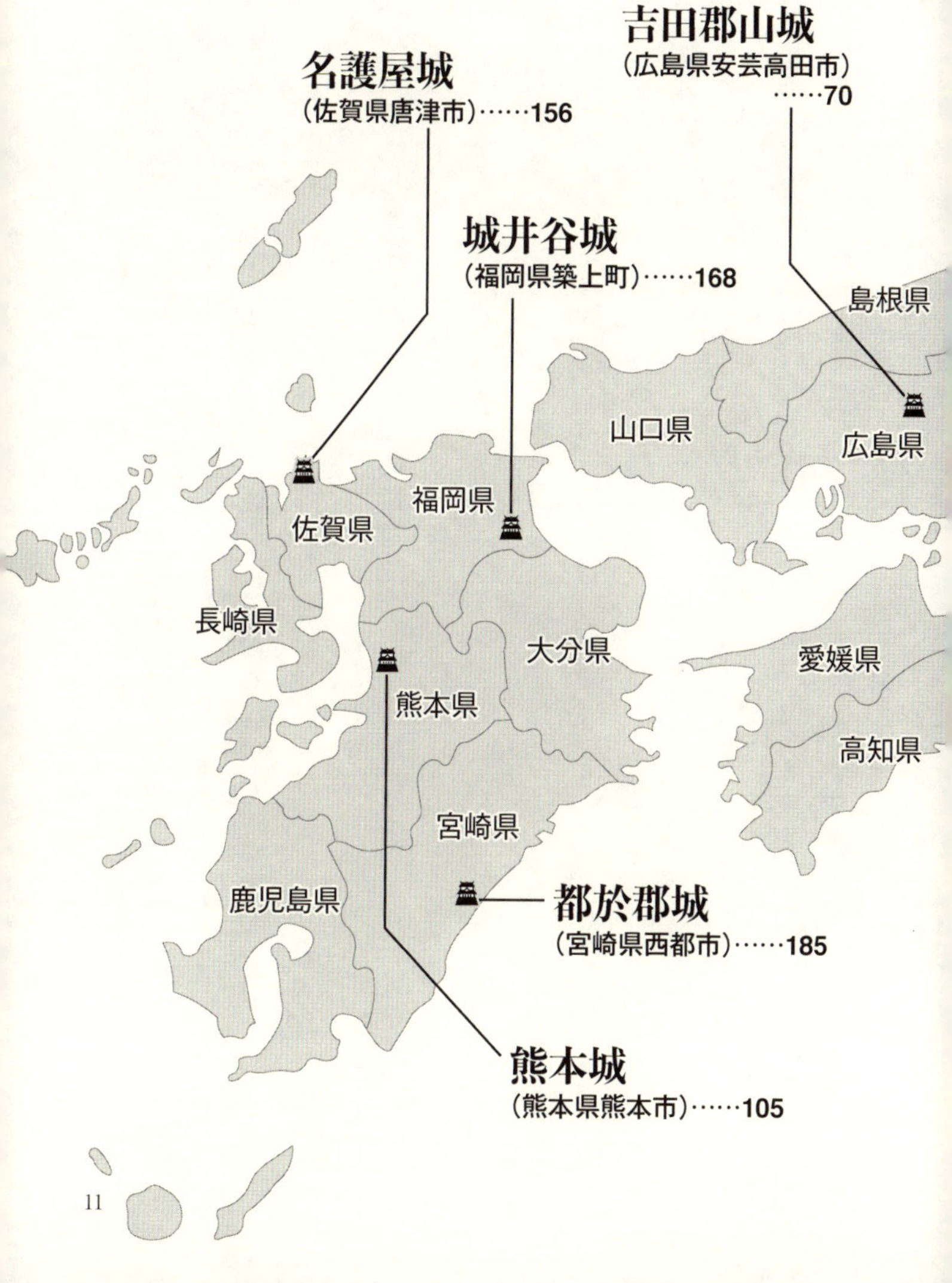

吉田郡山城
（広島県安芸高田市）……70
名護屋城
（佐賀県唐津市）……156
城井谷城
（福岡県築上町）……168
島根県
山口県
広島県
福岡県
佐賀県
長崎県
大分県
愛媛県
熊本県
高知県
宮崎県
鹿児島県
都於郡城
（宮崎県西都市）……185
熊本城
（熊本県熊本市）……105

巻頭対談

西股総生×乃至政彦

日本一の堅城はどこだ？ 構造と実戦の結果から探る

◆土の城がもっぱら東国で発達したのはなぜ？

西股　戦国時代を通じて、関東甲信地方は、他の地域と比べて縄張りの水準は高いといえます。関東人の目線から見ると、西国の城は桝形《ますがた》も横矢掛かりもない「ダサい縄張り」に見えます。例えば小谷城《おだにじょう》（六二ページ参照）などは、桝形とか横矢といったテクニックは本城にはあまり使っていません。曲輪は広いし切岸も高いし、一部石垣もあるから「すごい城だ」とは思いますが……。

乃至　確かに、関東の城とはずいぶん違いますね。関東の方が戦に慣れているというか。戦乱は全国にあったのに、不思議に思えます。

西股　ただし戦国の最終段階になると、状況は変わります。上洛した織田信長が畿内の産業を掌握した結果、当時の最新技術を手にすることになった。石垣や瓦など、耐火性・耐震性に優れた技術は、それまで寺社が独占していましたから。

乃至　織田家では、それを城に応用できるようになった、と。

西股　そうすると、堀や石垣などの土木と、建物がセットになって防御力を発揮する城造りになる。関東はその技術がないから、ひたすら土木で守ろうとするのです。安土城などは建物と石垣で造るけれど、関東の城は建物をあまり造らず、全部土で造るでしょう？ その結果、土の城の技術は異常に発達するのです。あまり知られていませんが、東北の城はかなり複雑な虎口が発達しました。土の城で桝形虎口《ますがたこぐち》が最も発達したのは、南東北なのです。例えば、伊達氏が蘆名《あしな》氏に対抗するため築城した桧原《ひばら》城（福島県北塩原村）には、いくつも連なった複雑な桝形虎口が残っています。

乃至　土の城の傑作といえば、関東の北条氏の城、山中城（※1）あたりのイメージが強いですが、桝形虎口の傑作は南東北にもあったのですね。それは初めて知りました。

西股　西国の城は織豊政権が出てくるまで、桝形も馬出もほとんど造っていません。虎口とか横矢なども、東国が圧倒的に発達しています。

山中城の障子堀。すり鉢状の構造で攻め手の行く手を阻む

※1：山中城（静岡県三島市）　箱根峠の手前にあり、北条氏が豊臣軍の侵攻に備えて大改修した。障子堀など、北条氏の高い築城技術を伝えている。天正十八（一五九〇）年、小田原の役の緒戦で、猛攻により半日で落城。

◆籠城に耐えた城イコール名城ではない？

関ヶ原の戦いに呼応し、東北で上杉景勝と最上義光・伊達政宗が戦った慶長出羽合戦（※2）。上杉方の直江兼続（※3）が攻めたのが、最上方の長谷堂城（六六ページ参照）。数的に圧倒的不利な中、半月の籠城戦に耐えた割には、堅そうには見えないが……。

西股　長谷堂城の戦いは九月だから、田んぼの水はもうなくなる時期。上杉軍はそれなりに動けたと思います。僕の考えでは、長谷堂城は「落とせなかった」じゃなく「落とさなかった」んだろうと。

乃至　やっぱりそうですよね。長谷堂城は完全に囮で、上杉軍にとって落とさなくてもいい城なんですよ。

西股　兼続は長谷堂城を囲んでおいて、最上の本隊を引っ張り出して叩くつもりだったのでしょうね。最上義光が意外とぐずぐずして、結局出てきませんでしたが。

乃至　いくら二万ほどの軍がいても、五千の兵がいる城を力攻めすると多少のケガは免れないですからね。包囲するだけでも、周囲の伊達などに対する威圧になる。

西股　逆に最上の方は、長谷堂城での籠城は考えていなかったでしょう。敗残兵が集まって来て、たまたま長谷堂城での籠城になった。城の構造や地形からすると、畑谷城《はたや》（※4）で決戦するつもりだったと思います。畑谷は狭い盆地で、数の多い上杉軍は動きにくい。逆に、長谷堂は周りが開けているから、数の少ない最上軍が不利。逆にいえば、畑谷を急いで落として長谷堂に敵を押し込んだ兼続の作戦はかなり優れていると思います。

乃至　長谷堂まで来られた時点で、最上としては戦略的に負けていたといえますね。関ヶ

◆慶長出羽合戦での各軍進軍ルート

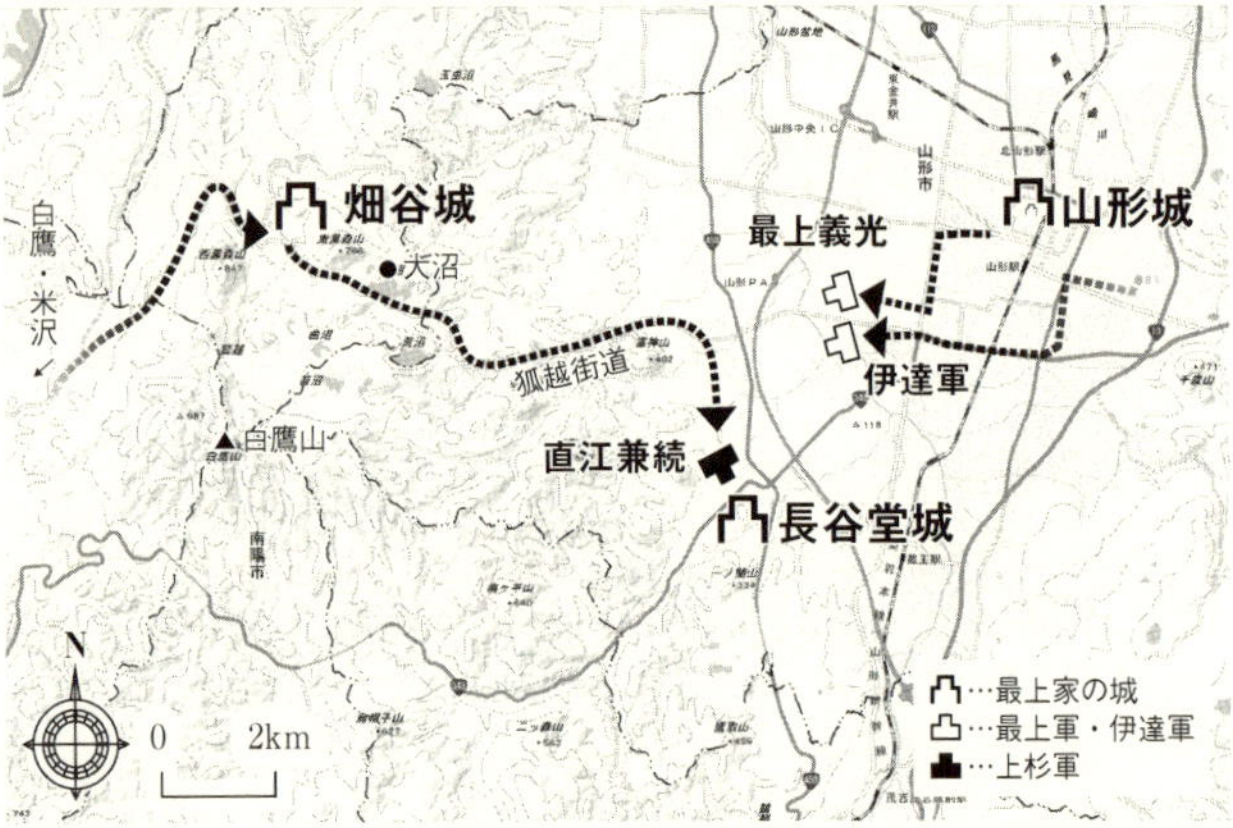

原で誰も予想しない展開になったから生き残れましたが。

西股　長篠城（九一ページ参照）も同様に、あえて落とさなかった例です。武田勝頼は長篠城を痛めつけておいて、徳川家康をおびき出し、決戦を挑んだのが長篠の戦いです。

乃至　長篠城にせよ長谷堂城にせよ、守備隊は結果的に勝者になったのですが、勝ったことには違いない。そうすると当然、「自分たちが頑張ったから落ちなかったんだ！」と言いますよね。実際は手加減されていたのに、「籠城に耐えた城」のイメージが定着してしまう。守り切った側の証言以外にも、ほかの史料や現地の地形を見るなど、多面的に考えないと本当のことは見えてきません。

※2：慶長出羽合戦　慶長五（一六〇〇）年の関ヶ原の戦いの際、東北地方で起きた戦いで、〝東北の関ヶ原〟とも呼ばれる。西軍についた上杉景勝と、東軍についた伊達政宗・最上義光の間で争いとなった。

※3：直江兼続（一五六〇〜一六二〇）　上杉景勝の家老。徳川家康の専横を糾弾する「直江状」を送り、家康の会津征伐を引き起こしたとされる。石田三成らの挙兵に呼応するように最上領に侵攻し、優位に戦いを進める。しかし関ヶ原で西軍が敗北したとの報を受け、撤退した。

※4：畑谷城（山形県山辺町）　最上氏が上杉軍の侵攻に備えて前衛として築いた戦闘要塞。大規模な堀・土塁がみられる。直江兼続率いる上杉軍の猛攻を受け、激戦の末に二日間で落城した。

◆「城」と「館」を分けるポイントとは

乃至　どんな城を「強い」と見なすかは、時代や場所によって基準が変わってくるでしょう。戦国初期なら、動員数や補給の発想も違ってきます。角逐《かくちく》の多い地域なら、短期間で最大限守りの堅い城を造らないといけませんから、支配の安定してきた近世の城とは条件がまったく違う。だから、安土城のような城を造るのは、武田氏には難しいでしょうね。勝頼が最後に手がけていた新府《しんぷ》城（※5）がもし完成していたら、と思うのですが。

西股　いや、新府城は城とはいえないですよ。城ではなく館、躑躅ケ崎館《つつじがさきやかた》（※6）の引っ越し先だと思います。周辺の地形を見ても、敵軍がどうにでも展開できてしまうから守りようがない。実際に行ってみると、城内の構造にも城としては難がある。城内に入ると堀がないのですよ。堀で曲輪を区画しないのは、城ではなく館の発想で造られているからです。守るためではなく居住するために造ってあるから、曲輪の中はていねいに平坦化されています。守るように造っていないから、織田に攻められた勝頼が新府城を焼いて撤退したのは当然の判断です。

※5：新府城（山梨県韮崎市）　武田勝頼が、領国経営の立て直しのために築城を開始した城。勝頼は天正九（一五八一）年に本拠地を新府城に移したが、翌年織田信長の侵攻によって武田氏は滅亡した。
※6：躑躅ケ崎館（山梨県甲府市）　甲斐武田氏が本拠とした居館。武田信虎の代に築かれ、その後も信玄・勝頼と三代にわたって政庁の機能を担った。

◆中世の山城にも石垣があるのは当然

中世までは土の城、近世になると石垣の城が主流になるイメージがある。しかし、戦国時代の山城にも石垣が見られる。また、東日本は土の城、西日本は石の城とも言われるが、城跡を見ると必ずしもそうは言えない。その理由は――。

西股　山によっては、掘るとすぐに岩盤に当たってしまうのですよ。それなら、出てきた石を積み上げてしまおう、という発想になります。堀切を掘るより、その方が早いから。

乃至　わざわざ石垣にしたというよりは、出てきたものを有効活用したのですね。

西股　近世になると、石の出ない山でも、よそから石を持って来て石垣にする。これが中世城郭と近世城郭の大きな違いです。でも、戦国の城の石垣は現地調達。石が出る地域には、たいてい石を扱える職人がいますから、その技術を活用します。石垣山一夜城（※7）も、箱根の火山から出た安山岩を使っています。

乃至　土よりも石の方が、素材としては適している？

西股　土塁と石垣なら、おそらく石垣の方が登りにくいでしょう。土の城は登りやすい分、

石垣山一夜城の井戸曲輪。巨大な井戸にも石が多数用いられている

同城の南曲輪側面。「全山石垣」を実現させた石切場は城の近くにあった

縄張りの工夫でカバーしていく必要があったのです。

※7：石垣山一夜城（神奈川県小田原市）　天正一八（一五九〇）年、豊臣秀吉の小田原城攻撃のために築かれた陣城。関東で最初に築かれた総石垣の城とされる。一夜にして城が築かれたように見せかけたという伝説から「一夜城」の名がある。

◆高低差はなくても意外と強い湿地の城

高低差は守備側に有利に働く要因のため、戦国時代には山城が主流だったように思われがちだ。だが、小田原の役（※8）で最後まで籠城戦を耐え抜いた忍城《おし》（九四ページ参照）や、織田家と毛利家の最前線となった備中高松城（九三ページ参照）のように、標高の低い湿地帯の城もある。見た目には堅牢さはない印象だが……。

西股　忍城などは周りに山もないし、湿地しかないから、そこに城を造るしかないです（笑）。関東平野は真っ平だから、城を守るには湿地を味方につけるしかないのです。

乃至　支配地域がそこだったから、ほかに場所の選択肢がなかったのですね。湿地の城は、攻める側は、水の引く秋冬以外は攻めあぐねそうです。

西股　高低差を活かせる山城と違って、湿地だと城外との標高差はほとんどありません。土塁をどこに造るか、どこの土塁を大きくするか、縄張りを工夫することになります。

乃至　忍城は、大軍による水攻めを受けたのに耐えられたのはなぜでしょうか。

西股　そもそも、秀吉が本当に石田三成に水攻めを命じたかどうかは、検討の余地があると思います。文書には「水攻めにすべし」とあるけど、「水攻めにしろ」という命令というよりは「とりあえず水攻めにでもしておけば？」くらいの意味だと思いますよ。

乃至　確かに、秀吉が現場も見ずに水攻めにこだわるとは考えにくいです。三成の判断ミスか、伝達のミスか……通説にこだわりすぎると見えてこないですね。

西股　同じ小田原の役でも、八王子城（※9）に対する命令は「絶対落とせ」という激烈なものです。八王子城主・北条氏照（※10）は、北条のナンバー2で主戦派ですから。それに対して、秀吉が忍城を本気で落とすつもりだったかどうか。

乃至　そう考えると、やはりあえて「落とさなかった」のだと。

西股　秀吉の備中高松城攻めも、あえて「落とさなかった」パターンですね。囲んだまま信長本隊がやって来るのを待っていた。

乃至　毛利方も、既に降伏を申し入れていましたよね。信長の動きを待っていた矢先に本能寺の変が起き、秀吉は独断で降伏を受け入れて「中国大返《おおがえ》し」を実行しました。

西股　意外に知られてないけれど、備中高松城周辺でも、山の取り合いはやっているのですよ。陣地の遺構が残っているからわかる。秀吉は備中高松城を見下ろす山をすべて確保して、毛利勢を備中高松城に押し込めてしまった。兵力が優位ではない状態で、戦線を維持する作戦ですね。

※8：小田原の役　天正一八（一五九〇）年、豊臣秀吉が北条氏政を滅ぼして天下統一を完成させた戦役。総兵力二十万人という圧倒的な兵力差により、山中城などの北条方の支城は次々と落城。小田原城は三カ月に及ぶ籠城戦の末に降伏し、最後に残っていた忍城も開城した。

※9：八王子城（東京都八王子市）　北条氏照の本拠で、対豊臣戦に備えて築かれた。広大な城域を誇る堅城だったが、小田原征伐の際、激戦の末に一日で落城した。

※10：北条氏照（一五四二〜一五九〇）　北条氏第四代当主・氏政の弟。小田原の役の際は徹底抗戦を主張。八王子城主だったが、豊臣軍侵攻時は小田原城に籠城した。降伏後、氏政とともに切腹を命じられた。

◆水辺の城に独特の防衛思想とは？

瀬戸内海に面した高松城（一四六ページ参照）や、琵琶湖畔に築かれた坂本城（※11）のように、城は水辺にも造られた。これらの城はどんな戦を想定していたのだろうか。

乃至　高松城は北を海に、三方は陸地に囲まれていますね。そもそも、海から攻められることは想定されているのでしょうか。

西股　当時の船は船べりが低いから、石垣を高く積まれたら接舷できません。海から攻められることはないでしょう。あれは四国に対する橋頭堡《きょうとうほ》、いわば馬出ですね。瀬戸内海という水堀を渡ったところにある馬出です。

乃至　なるほど。海側が開けてますから、船でやって来た援軍はいくらでも受け入れられる造りになっています。「城を築いた目的」など、普通は文字で残っていないので、想像を働かせるしかありません。高松城は、堀を石垣で堅めて水を引いていますね。これは平和な江戸時代ならではのもので、戦国時代だと無理でしょう。

西股　戦国時代なら、重要な港の近くの小高い丘に山城を造るという発想になったでしょうね。高松城は、「ここですぐに戦が起きる」という想定では造られていません。

◆琵琶湖畔に築城した光秀の真意は？

乃至 水辺の城は水堀や石垣の工事が大変。そう考えると、明智光秀が築いた坂本城はすごいですね。あの時代に、よく水辺に造れたものだと。

西股 本丸は埋め立てではなく、おそらく元々、陸地だったところを堀で囲ったんでしょう。石垣は水の中から積むしかないから、干拓のようなこともやったのかもしれません。

乃至 なぜ、わざわざ水辺に城を築いたのでしょう。

西股 光秀が坂本に領地をもらったのは、比叡山の焼き討ち後。山の方は怖くて本拠地を造れないでしょう。比叡山への監視役として坂本城を築いておいて、いざという時は琵琶湖の方へ逃げるつもりだったのでしょう。

乃至 そう考えると、こういう造りになっているのは理にかなっていますね。包囲されたとき、最悪の場合は本丸と二の丸の間の橋を落としてしまえば、本丸は海上要塞となり、手も足も出なくなる。

西股　占領地に乗り込むわけだからリスクは大きいけれど、あまりに堅牢な城を造ってもかえって主君に睨まれるから、バランスが難しいですよ。

※11：坂本城（滋賀県大津市）　元亀二（一五七一）年の比叡山焼き討ち後、坂本に所領を与えられた明智光秀が築いた城。琵琶湖のほとりに築かれた水城で、大天守・小天守を伴っていた。

◆安土城は「将軍の城」だった？

織田信長が天下人としての威光を示すために築いたといわれる安土城（一一二ページ参照）。だが当時の信長には周辺に多くの敵がおり、秀吉の大坂城や家康の江戸城築城などとは状況が異なっている。安土城での合戦は、まったく想定していなかったのだろうか。

乃至　信長がなぜ安土に城を築いたか、僕はずっと不思議に思っています。家督を信忠に譲った後の築城なので、隠居城なわけですよね。なのに、信忠の岐阜城よりも立派なものを建てた。信長が死んだあとは誰を入れるつもりだったのか。あくまで僕の推測なんです

安土城天主からのかつて琵琶湖と一体化していた西の湖の眺め　写真：mtaira / stock.adobe.com

が、信長が預かっていた足利義尋《ぎじん》（※12）に与えるつもりだったんじゃないかと。将軍の城にするつもりなら、嫡男を差し置いて立派な城を造ったのも納得がいきます。

西股　築城の観点で見ると、信長の城は上洛前と上洛後で変化がありますね。先にもいったように、畿内を掌握した信長は最新の建築技術を丸々手に入れた。例えば、石垣なども、ずっと高く積めるようになった。

乃至　そうした最新式の技術が軍事に転用できるなら、当然使いますよね。

西股　僕の考えでは、「見せる城」というのはなかったと思います。「見せるために造る」のと、「必要なものを造ったら、結果的にデモンストレーションにもなる」のは別物だから。あれだけ高い山に造った以上、安土城は戦うための城ですよ。

乃至 安土城というと、大手道が一直線過ぎて、守りづらそうですが。

西股 誤解が多いですが、ふもとの伝秀吉邸や伝前田邸などは「安土城の外」です。実際の安土城は、黒金門《くろがねもん》から八角平《はっかくだいら》まで。近世の城だと、惣構の中に家臣の屋敷や寺院がありますが、ふもとのスペースはその原型になるものです。

乃至 信長の発想は、かなり先をいっていたのですね。実際の城域は意外と手狭です。

西股 狭い中にいろいろな施設を押し込もうとすると、建物の階数を増やさないと床面積は確保できません。かなりギチギチに建造物が建っていたんでしょう。

乃至 狭い城域に、無理やり軍事施設を凝縮していたのですね。その辺は、先進的過ぎて後進は真似できなかった。逆に、ふもとに家臣の屋敷などを置く発想は、やがて洗練されて近世に継承されていった。

※12：足利義尋（一五七二〜一六〇五） 室町幕府最後の将軍・足利義昭の嫡男。義昭追放後に信長の人質となる。信長は義尋を形式的に将軍に据える構想があったともいわれている。

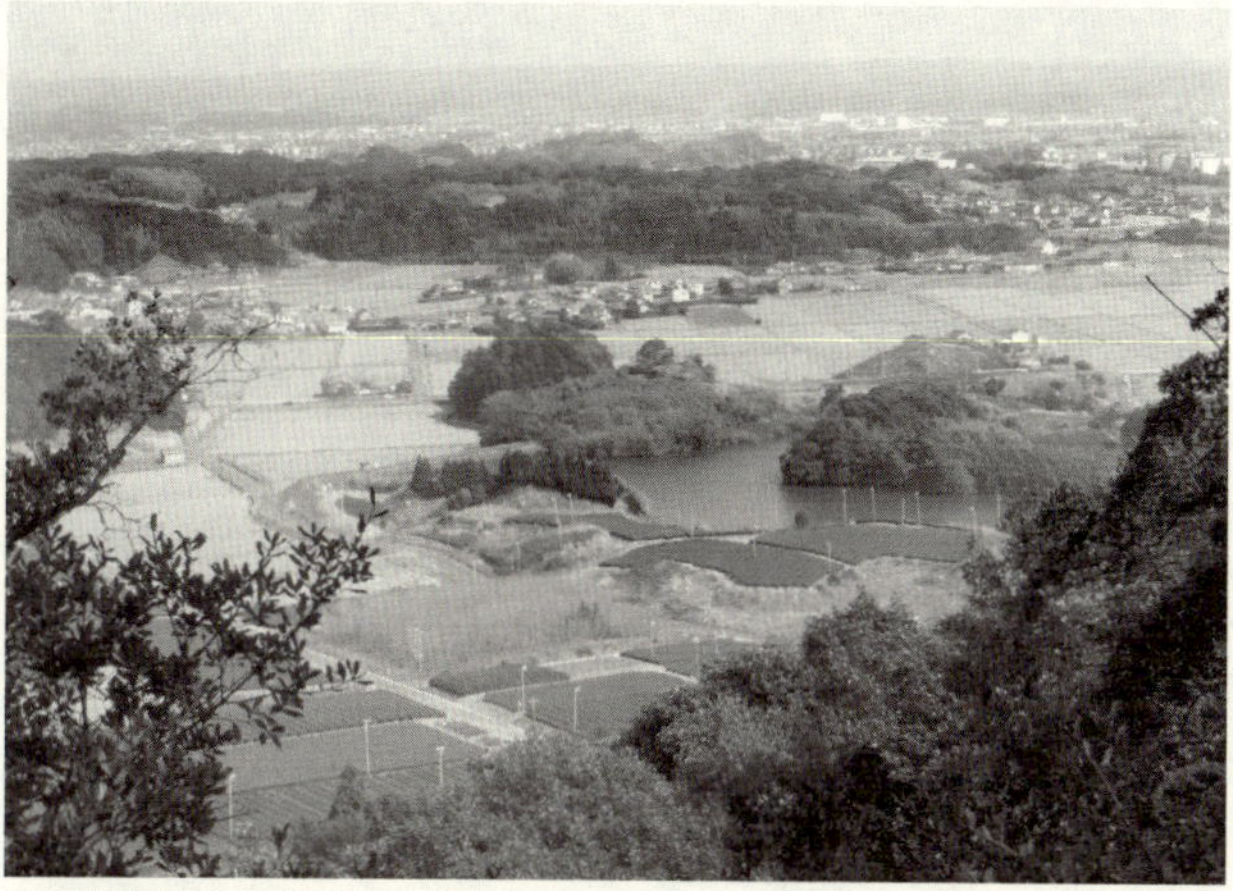

高天神城本丸から東の眺め。水田地帯はかつてのラグーンの名残り

◆「山の城」と「水の城」のハイブリッド・高天神城

駿河・遠江《とおとうみ》の国境にあり、武田氏と徳川氏の奪い合いが演じられた高天神城《たかてんじん》（九八ページ参照）。武田家と徳川家が争奪戦を繰り広げたこの城は、堅城としての評価が高い。

西股　現地に行かないと、あの難攻不落な感じはなかなかわからない。戦国時代、あの辺りの土地は現代よりも低く、ラグーン（※13）になっていました。ラグーンの中に切り立った山がそびえているわけで、山城の強さと湿地の城の強さを兼ね備えていたのです。

乃至　両者の強みを兼ね備えているというこ

とは、戦国の城としては最強でしょう。

西股 曲輪の周りが全部垂直に近い崖なので、取り付けないですよ。ただし、武田勝頼が攻めた頃はもう少し城域が小さかったので、多少攻め口はあったのでしょう。だから、勝頼は力攻めで落とせた。

乃至 その後、武田家が城を拡張したわけですね。

西股 増築の結果、尾根伝いには絶対に入って来れないようになった。だから、家康の方は結局城内には侵入できていないでしょう。兵糧攻めの末に、絶望した城兵が打って出て終わっている。城攻めの仕方も、家康はまず遠くに陣城を築いて、様子を見ながら少しずつ前進している。そうして包囲を狭めていった上、海を通じて高天神城に補給をしている武田方の城を全部落として、ようやく高天神城を孤立させたのです。

乃至 縄張りを見ても、これほど守りを固められたら、補給を絶って孤立させるしか攻めようがないでしょう。単体の城として見る限り、「力攻めが不可能」な最強の城といえるのではないでしょうか。

※13：ラグーン　砂州などで海から隔てられた、水深の浅い湖。潟ともいう。

◆秀吉が城攻め巧者だったのはなぜか

戦国一の城攻め巧者といえば、羽柴（豊臣）秀吉をおいて他にはいないのは、衆目の一致するところだろう。その端緒となったのが、天正元（一五七三）年の小谷城の戦い（六二ページ参照）だ。

西股　小谷城は山の形からいって、概ね妥当な縄張りの取り方だと思いますよ。本拠の城というのは、包囲攻撃に耐えられないと意味がない。ある方角にだけ備えている場合と違って、その地形に対して一番合理的な縄張りにするのがセオリーです。仮に小谷城を攻めるとしたら、普通は尾根伝いに攻め上って、曲輪を一つずつ取るでしょうね。秀吉が勝てた理由は、無茶苦茶な戦をやったからです（笑）。

乃至　攻めるルートは自然に限られてきて、守る側もそれを想定しているから備えをしている。だから、守備側の想定を超える無茶苦茶な攻め方をしないと落ちなかった。

西股　そもそも、山で道のない所だと武装した兵は通れないですよ。秀吉が登った辺りは相当な急斜面で、普通に考えたらとても登れません。

乃至　仮に登り切ったとしても、兵数が足りないと返り討ちにされそうです。うまいこと守りの薄い所を衝けるものでしょうか。

西股　城を遠目で見て、「あそこが本丸だ」くらいの見当はついたと思いますけどね。秀吉の行動は戦死のリスクも高いけれど、結果的に生き残ったから「大手柄」になった。

乃至　城攻めの記録には、よくわからない事情で戦死した例が見られますが、秀吉以外にも無茶をやる人がいたんでしょうね。その中で秀吉は生き残ったと。

◆堅城を陥落に追いやった「直観力」

西股　城攻めする武将は、おそらく理論じゃなく本能的に判断して攻撃していると思います。そして、秀吉は山の形を見て直観的に「あのピークになってる部分を衝けば……」と感じた。そういう判断を当てられる奴が生き残るのです。秀吉は勝負勘、特に地形判断がものすごく冴えていると思いますよ。

乃至　野戦なら、総大将が陣の配置を決めたりできますが、城攻めだとそうもいかないですよね。割と、てんでバラバラに攻め上って行く印象です。秀吉も信長の命令ではなく、自分の判断で実行したのでしょう。そうしてうまくいったから、次も同様に無茶をする。秀吉の人生を見ると、あらゆる場面でとにかく判断が速いですよね。小谷城攻めは、秀吉の天下取りの過程の中でもかなり重要だったといえそうです。

西股　僕は、秀吉はやはり天才だったと思っています。軍事用語でいう〝決勝点〟を直観的に見極めてしまう。小谷城攻めの場合は、京極丸を取ることが決勝点だった。

乃至　ほかの城攻めでも、その優れた直観力は活かされている。

西股　山中城の戦いだって、東海道沿いの城の立地を見て、直観的に「明日中に落とせ」と指示しています。何人死んでも構わない、と。

乃至　北条氏としては、「相手が犠牲をいとわないで攻めて来る」なんて想定していない。武田も上杉も、北条氏の戦ってきた相手はそこまでしなかった。だから一日で落城したのですね。一方で、多大な犠牲を払ったのも事実ですが。

西股　現代人の発想だと、城の〝弱点〟を探そうとします。でも、それはあくまで、平和な時代の発想。当時の人間はそうではなく〝決勝点〟を探します。秀吉は決勝点を見つけて、危険をいとわず実行した。結論として、どんな城も無茶すれば落ちるのです（笑）。

乃至　秀吉のような戦の〝決勝点〟を見つけて、かつ決断ができる普通じゃない人間には、どんなに工夫を凝らした堅い城もかなわない。

西股 無茶したら城は落ちる。ならば、築城側も無茶すれば落ちなくなる。少し後の江戸城や大坂城のような巨大城郭になると、どんな無茶な攻め方をしても落ちないでしょう。

乃至 大坂城だって、和睦後に堀を埋めるという「反則技」によって、ようやく落ちた。戦国時代はまだ、人間の能力が技術に勝てる時代だったんでしょうね。

西股総生（にしまた・ふさお） 戦国史・城郭研究家。昭和三六（一九六一）年、北海道生まれ。従来の研究に欠けていた「軍事」の視点から、合戦や城郭の実態の解明を進めている。著書に『戦国の軍隊』（角川ソフィア文庫）、『図解 戦国の城がいちばんよくわかる本』（KKベストセラーズ）など。

乃至政彦（ないし・まさひこ） 歴史研究家。昭和四九（一九七四）年、香川県生まれ。戦国時代を中心に、通説にとらわれない大胆な論考の発表を続けている。著書に『戦国の陣形』（講談社現代新書）『上杉謙信の夢と野望』（ワニ文庫）、監修に『戦国の地政学』（じっぴコンパクト新書）など。

第一章

「土」と「石垣」の城の基礎知識

基礎知識

土の城の時代にも石垣はあった 石垣はどうして造られた？

一般に、南北朝時代から室町時代中期に築かれた「中世城郭」は土の城、安土・桃山時代から江戸時代に築かれた「近世城郭」は石垣の城と思われがちだ。しかし実際には、中世城郭でも石垣は築かれている。石垣に類するものは、古くは古墳時代から姿を現す。古墳の表面に石を敷き詰めたものや、埋葬施設を石で造った石室などだ。その後、北九州から瀬戸内に築かれた古代山城や、元寇の際に博多湾沿岸に築かれた石築地も、石積みが用いられた。

やがて、土塁や堀を築いた山城が全国にたくさん築かれるようになる。日本全国では三～四万にも及び、そのほとんどが南北朝から戦国時代、そして江戸時代初期までの築造だったという。十六世紀後半になると、こうした城に、石を組み合わせて石垣を築く「空《から》積《づ》み」と呼ばれる技法が用いられるようになり、全国的に広がった。

空積みは、石同士を接着剤のようなものを使わず、石の自重のみで固定させて積み上げ

◆石垣の構造と積み方の手順

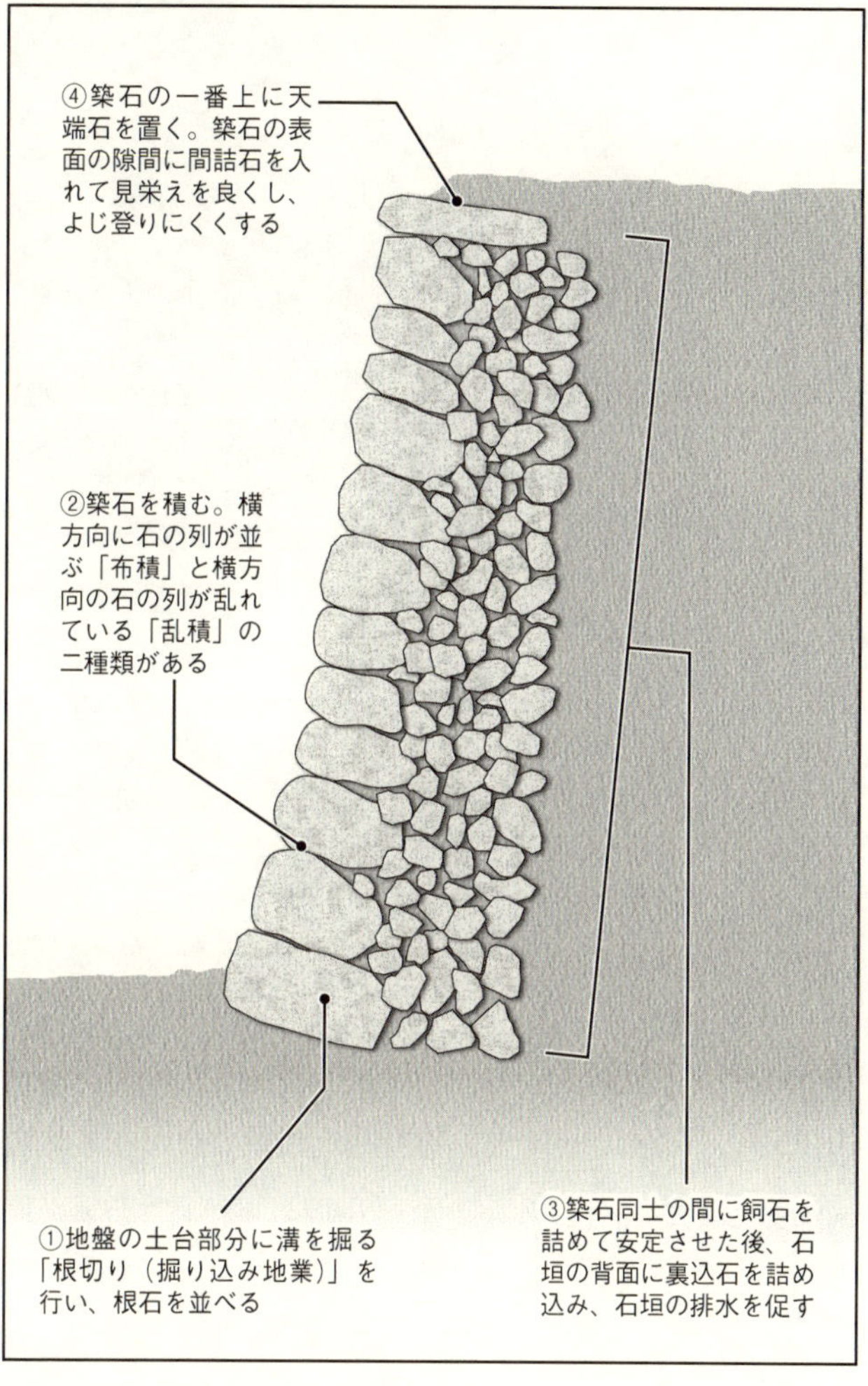
④築石の一番上に天端石を置く。築石の表面の隙間に間詰石を入れて見栄えを良くし、よじ登りにくくする
②築石を積む。横方向に石の列が並ぶ「布積」と横方向の石の列が乱れている「乱積」の二種類がある
①地盤の土台部分に溝を掘る「根切り（掘り込み地業）」を行い、根石を並べる
③築石同士の間に飼石を詰めて安定させた後、石垣の背面に裏込石を詰め込み、石垣の排水を促す

岩村城の本丸虎口部分にそびえる六段壁。上部は元は土塀だったと考えられる

る工法だ。土台に溝を掘り、底に最下層の石となる根石を並べ、その上に石垣の表面を覆う築石《つきいし》を積む。背面の石同士の隙間に飼石《かいいし》を詰めて安定させ、さらに築石と土台の斜面との間には裏込石《うらごめいし》という細かな石を詰める。これにより、石垣の水はけが良くなり、背面の土中に溜まった水の水圧で石垣が押し出されることを防ぐことができた。また、地震の際にも、裏込石があることで揺れが緩和された。

空積みにはいくつか種類がある。自然石をほとんど加工せずに積む「野面積み《のづらづみ》」や、築石の接合部分を削って隙間を減らした「打込み接ぎ《は》」、石を成型して隙間をまったくなくした「切込み接ぎ《は》」などだ。

「野面積み」では、急勾配の石垣を積むことは容易ではなかった。しかし、打込み接ぎや切込み接ぎが用いられるようになったことで、急勾配の石垣を築くことが可能となった。日本三大山城の一つといわれる岩村城（岐阜県恵那市）は、見事な石垣を持つことでも知られている。本丸虎口には「六段壁」と呼ばれる高石垣が切込み接ぎで造られている。当初は、最上部のみの一段の高垣石だったが、江戸時代後期、崩落を防ぐために前面に少し低い石垣を次々と築いていったため、結果的に現在のような雛壇状の、当初よりもさらに見応えのある石垣となったのだ。

攻め手を阻むのとは別のもう一つの理由

戦国時代に一気に進化を遂げた石垣。石垣が築かれることで、得られるメリットは何だったのだろうか。

まず、一番の理由にあげられるのは、敵がよじ登ることを難しくすることだ。戦国時代に多く築かれた野面積みの石垣は隙間も多く、一見、よじ登りやすそうに見える。しかし、合戦の最中は、鎧をまとい、刀などの武器も持っている。そんな中で石垣をよじ登ることはとても困難で、敵に対する障害としての役割を果たしていた。

石垣山一夜城（神奈川県小田原市）の井戸曲輪。天然の沢を石垣で囲み、大量の水を貯水していた

実はもう一つ、石垣には重要な役割があった。土留めとしての役割だ。人や物資の出入りが多い虎口部分の垂直に盛られた壁面は崩れやすく、地面もぬかるんだりすることから、石を使って補強していたと考えられる。

戦国時代は石垣技術のみならず、土木技術も発展途上だった。また、江戸幕府の天下普請とは違い、動員できる人数もごくわずか。そのため、石の産地だったり、採石場が近くにあったりする城には自然と石積みや石垣が多用された。

例えば、群馬県太田市にある金山城は、岩盤でできた山に築かれたことから石を用いるようになり、ついには、総石垣の城となって現在まで伝わっている。

基礎知識

山城は意外と低い場所にある？
高低差を活かした障害と眺望

南北朝時代から戦国時代にかけて、日本中に数多く築かれた「中世城郭」には、小高い場所に造られた山城が多い。もちろん、平地に建てられた平城がなかったわけではないが、当時の主流だったといえるだろう。

高所を抑えることは、守備において大きなメリットになる。攻め登って来る敵を察知でき、城側から妨害や攻撃がしやすい。しかし、ただとにかく高い山に城を築けばよいというものではない。高所になればそれだけ、水や食料、あらゆる物資を確保するのが難しくなるし、気象条件なども厳しくなる。それでは味方の軍が先に参ってしまいかねない。そのため、比較的低い山に城が築かれるようになった。

こうした低い山では、敵が攻め登りにくくなるような障害が重要となる。そのために造られたのが、堀や土塁などだ。敵を足止めするには、地形を活かし、さらに険しくしたものが有効となる。

深い谷に高石垣を組み合わせた岡城（大分県竹田市）の三の丸。急角度と落差は日本の城随一

地形を活かした堀切と切岸がそびえる

敵の侵入を阻む障害の一つに「堀切」がある。尾根を断ち切るようにして設けられた堀で、尾根づたいに侵入して来る敵を防ぐことができる。

滋賀県米原市にあった鎌刃《かまは》城は、標高三八四メートルに築かれた城で、浅井氏や織田氏に仕えた堀氏の城だったとされている。

北と西の二方向に伸びた尾根が合流する地点に主郭があり、北側に虎口が開いていた。北側の尾根に段曲輪《だんくるわ》が設けられていて、物見櫓のある北尾根の中心となる曲輪は、さらにその北側に大堀切を設け、敵の侵入を阻んでいた。また、主郭の南側の細い尾根には小さな堀切をいくつも造り、こうした多数の堀切の様子から「鎌刃」の名前が付けられ、今もその遺構が見事に残っている。

千葉県君津市にあった久留里《くるり》城も、尾根伝いにいくつもの曲輪が築かれた城だった。現在見られる城跡は室町時代以降、真里谷《まりやつ》氏が治めていた久留里城を、戦国時代になって里見氏が再整備したもの。西側の尾根を行くと二の丸へと続き、その途中に堀切が設けられている。後年に通された道路によって一部形は変わってしまっているが、かつての登城道

里見氏が構築した久留里城（千葉県君津市）。尾根の上の地形を利用し大堀切を多数設けている

だった旧道からは、今もその姿を見ることができる。当時は、堀切の上に木橋を架けて通行していた。二の丸から本丸、さらに東側の尾根へと城域は続いており、それぞれの尾根には多数の大堀切が造られた。

また、山城では「切岸《きりきし》」と呼ばれる障害も見ることができる。切岸とは、人工的に造られた急な斜面のこと。元々の斜面を削ったり、土塁を積み上げたりすることで造られる。葛《かつら》尾《お》城（長野県坂城町）では主郭の北側、堀切との間に約六メートルの切岸がある。さらには、主郭南側に約十メートルの切岸があり、それを下ったところに二の曲輪がある。二の曲輪から主郭へと攻め登るのは非常に困難となっているのだ。

洲本（すもと）城（兵庫県洲本市）は、本丸から港を見下ろせ、周辺海域の見晴らしも抜群

標高三七二メートルの城山山頂部分に主郭が建ち、主郭から北東方向に向かって二つの尾根が伸びている、滋賀県の鎌掛《かいがけ》城。ここも、東西の尾根それぞれに複数の曲輪跡が残っていて、やはり曲輪の背後が高い切岸になっている。

比高二百～四百メートルほどの山に築かれることが多かった中世城郭。山頂部に主郭を建て、尾根筋にいくつも曲輪を設けた城では、障害としては最も基本の堀切や切岸が非常に有効だった。こうしたことから、多くの戦国大名たちは、自国で与えられた条件の中で、兵力に見合った規模の山の見晴らしのいい場所に、地形に合った障害を設けた山城を次々と築いていったのである。

基礎知識

攻める側の陣城と守る側の出城 双方で異なる特徴的な構造

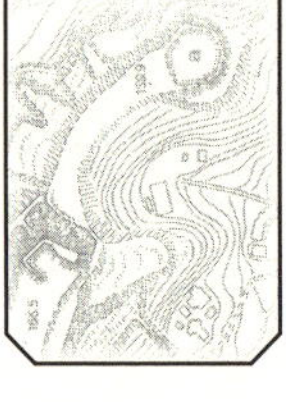

南北朝時代から戦国時代、江戸時代初期にわたり、全国で三〜四万基もの城が造られた。これらは、城主が住んでいるような恒常的にある城ではなく、戦や政治的な目的のために一時的に築かれた城が含まれる。いや、むしろそちらの方が多いといっていいだろう。

各領国には、中心となる「本城《ほんじょう》」のほか、立て籠ったり、最終防衛地点となったりする「詰《つめ》の城」や、国境の守備や見張りを目的とした「境目《さかいめ》の城」、本城から境目の城への移動や、遠方へ攻め入る際に兵糧を運んだりする中継地となる「繋ぎの城」などの支城がある。これらは目的に合わせて築かれ、不要となれば破却されていた。

また、破却されないまでも、所有者を変え、役割を変えていく城もあった。例えば、石田三成の居城として知られる佐和山城（滋賀県彦根市）は、かつては小谷《おだに》城の支城で浅井氏と六角氏の国境近くにある「境目の城」だった。その後、織田信長が佐和山城を降伏させると、家臣である丹羽長秀が城に入り、信長が京都と岐阜を行き来する際の「繋ぎの城」

小谷城内から信長の陣城が築かれた虎御前山を望む。一触即発の至近距離だといえる

となった。さらに、何度か城主が変わったのち、豊臣政権下になって石田三成の「本城」となったのである。

攻めるための城と守るための城

一時的に造られた城には、他国の城を攻め落とすためのものもあった。「陣城《じんじろ》」は、敵城への攻撃の拠点とするために築く城のことだ。相手側を容易に攻め落とせないときに活用され、城攻めが終わると破棄された。「付《つけ》城《じろ》」「向《むかい》の城」「対《つい》の城」などとも呼ばれ、敵城に相対し、周囲の支城などとの行き来を封鎖して孤立化させた。

織田信長が浅井《あざい》長政の小谷城を攻める際、

伊達政宗が築いた桧原（ひばら）城（福島県北塩原村）は、屈折や枡形を多用した厳重な守りだった

陣城を用いた本格的な戦いを繰り広げた。元亀三（一五七二）年には、小谷城のすぐ目の前にある虎御前山《とらごぜ》に大規模な陣城を築いた。虎御前山の最高所は信長陣所跡とされており、ここには枡形虎口が造られた。また、最も小谷城に近い位置にある尾根には秀吉の陣が造られ、最前線だけあって、曲輪の周囲には帯曲輪も築かれていた。

陣城は攻めるための城だが、まず初めに堀や土塁、先にもあげたような帯曲輪や枡形虎口など、防御のための設備が整えられた。敵城側からの急襲や夜襲を警戒したためだろう。防御設備がしっかりしていれば曲輪部分は二の次という城もある。例えば狩倉山《かりくらやま》城（福井県美浜町）は二重に造られた堀や土塁などがあるのに、曲輪部分は削平されず傾斜が残ったままだった。戦の際の一時的な城だったから、それで問題なかったのだ。

反対に、守る側の城はどうだったのか。敵が攻め入って来るような本城や支城は恒常的な城が多いため、元から防御に有利な地に建てられていたり、堀や土塁、石垣、枡形虎口や横矢掛りなどの防御を整えていたりする。しかしさらに、本城から離れた位置に、突貫工事で造られた城が配置されることもあった。こうした城は「出城《でじろ》」、または「枝城《えだじろ》」「出曲輪」と呼ばれた。出城の中から接近する敵を弓や鉄砲で攻撃し、敵が崩れ出したらすぐに討って出られるようにしていたのだ。

平成二八（二〇一六）年の大河ドラマのタイトルにもなった「真田丸」は、まさに大坂冬の陣で大坂城の防衛のために真田信繁が築いた出城。大坂城南側の高台に、東西約百八十メートル（諸説あり）もの規模で造られたと伝わる。丸馬出を進化させたものと考えられていたが、真田丸の北側に惣構《そうがまえ》があり、間に大きな谷があったことから、今では真田丸は独立した出城だったとされている。籠城戦の方針に固まっていた豊臣軍の中で、攻撃に出ることを主張していた真田信繁は、真田丸で徳川方の約二万六〇〇〇人もの大軍を迎え撃ち、見事に撃退したのだ。

基礎知識

痕跡から失われた物を補完し現役時代の城の姿を構想する

山を切り拓き、堀や土塁を整備し、その威容を見せつけていた中世城郭。恒常的に利用されていた城以外は、役目を終えた後は打ち棄てられ、今はわずかに遺構を残すばかりとなっている。こうして、かつての姿とは異なる姿に様変わりしてしまった城でも、残された地形から往時の姿を見出すことができる。

かつて山城だった場所を歩くと、木や草の生えたなだらかな斜面の土塁や堀に出会う。こんなになだらかなら敵も登りやすかったのでは、と思ってしまうほどだ。しかし、これは廃城後に土塁の壁面が崩れたものや、長年の落ち葉などが降り積もり、埋まってしまった後のものなのだ。

関東地方では、宝永四（一七〇七）年の富士山の噴火による火山灰も積もっている。そしてもちろん、現在生えている木や草は、当時はない。今では簡単に登れてしまえそうに見えるが、やはり当時は、城を守る防御の要となっていたのである。

岩櫃（いわびつ）城（群馬県東吾妻町）の土橋。両脇の空堀はもっと深かった

障子《しょうじ》堀で有名な山中城（静岡県三島市）などは、長年の発掘調査とそれに伴う環境整備で、往時の地形を見事に復元している。それでも、堀の斜面が崩れることを防ぐために芝を敷いたりと、完璧に過去の姿に戻ることはない。そして、これは実に稀な例で、多くの城は堆積物が地形を覆い隠したままになってしまっているのだ。

近現代の埋め立てによって失われた地形も多い

後年、埋め立てによって往時の姿とまったく異なる地形となってしまったのが、「水攻め」で有名な備中高松城（岡山県岡山市）と

備中高松城の復元堀跡に四〇〇年の時を経て開花した宗治蓮が、湿地帯だった頃を感じさせる

忍《おし》城（埼玉県行田《ぎょうだ》市）である。どちらの城も、その地形から、守りやすく攻めにくい「難攻不落の城」といわれていた。現在は、城址公園などとして整備されている二つの城だが、周辺の沼や湿地はすっかり姿を消してしまっている。

天正十（一五八二）年の備中高松城の戦いでは、城を囲んだ豊臣秀吉が周囲に巨大な堤を造り、水攻めを行った。

備中高松城は低地にある微高地に築かれている。微高地とは、五万分の一や二万五〇〇〇分の一の縮尺の地図では表せないほどの、わずかな高まりのこと。低地は浸水しやすく排水しにくいが、微高地は低地に比べて排水しやすくなっている。そのため、水攻めが行われた際は周囲が水に沈み、城だけがぽっかり浮かび上がって孤立することになってしまった。

忍城は北に利根川、南に荒川が流れる湿地に築かれていた。自然堤防の上に位置していたが、低地も自然堤防も高低差はほとんどなかった。本丸、二の丸などの各曲輪は独立した小島になっていて、橋で結ばれていた。

この地形を見た石田三成は、天正十八（一五九〇）年の小田原攻めの際に、備中高松城同様の水攻めを目論んだ。自然堤防や微高地を利用しながら、全長約二八キロメートルにも及ぶ堤をわずか一週間で築いた三成だったが、水が忍城や城下町に思ったように流れ込まず、ついには堤が決壊。水攻めは失敗に終わった。江戸時代には江戸北方の要衝として拡張されたが、明治六（一八七三）年の廃城令により城は競売にかけられ、周囲も埋め立てられてしまった。

埋め立てにより、当時の城の様子は失われてしまったが、元々この地に城を築く要因となった微高地の地形は大きく変わることはなかった。そのため、備中高松城周辺も、忍城周辺も、後の時代になってからも、堤防の決壊や洪水がたびたび起きているという記録が残っている。

基礎知識

今見ているのは戦国の城ではない？時代が下り変貌してしまう場合も

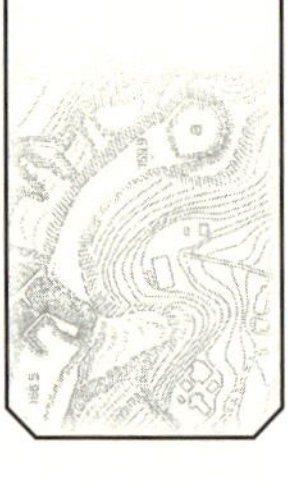

豊臣秀吉は天下泰平を成し遂げ、壮麗な大坂城を築いた。大坂城は、今も多くの観光客が訪れる城であるが、実はこの城は大坂の陣の後に徳川氏が建てたものだ。秀吉の城は破壊され、石垣などの遺構は、現在の大坂城の地面の下に埋まっている。

このように、今も遺構が残る城で、戦国時代からの姿を残すものはほとんどない。破壊されて同じ場所に新たな城が建てられたり、または増改築されたりと、多くが安土桃山時代以降、江戸時代などにその姿を変えているのだ。

小諸《こもろ》城（長野県小諸市）は、南北朝時代からこの地にあった鍋蓋《なべぶた》城・乙女坂城を武田信玄が攻略し、山本勘助《かんすけ》に命じて拡張整備させた城である。「縄張りの名人」ともいわれた山本勘助が築いただけあり、浅間山噴火による堆積地を千曲《ちくま》川が削った崖を利用するなど、地形を見事に活かした縄張りだ。河岸段丘のきわに本丸を築いたり、谷を天然の堀切としたりして、守りを堅めている。

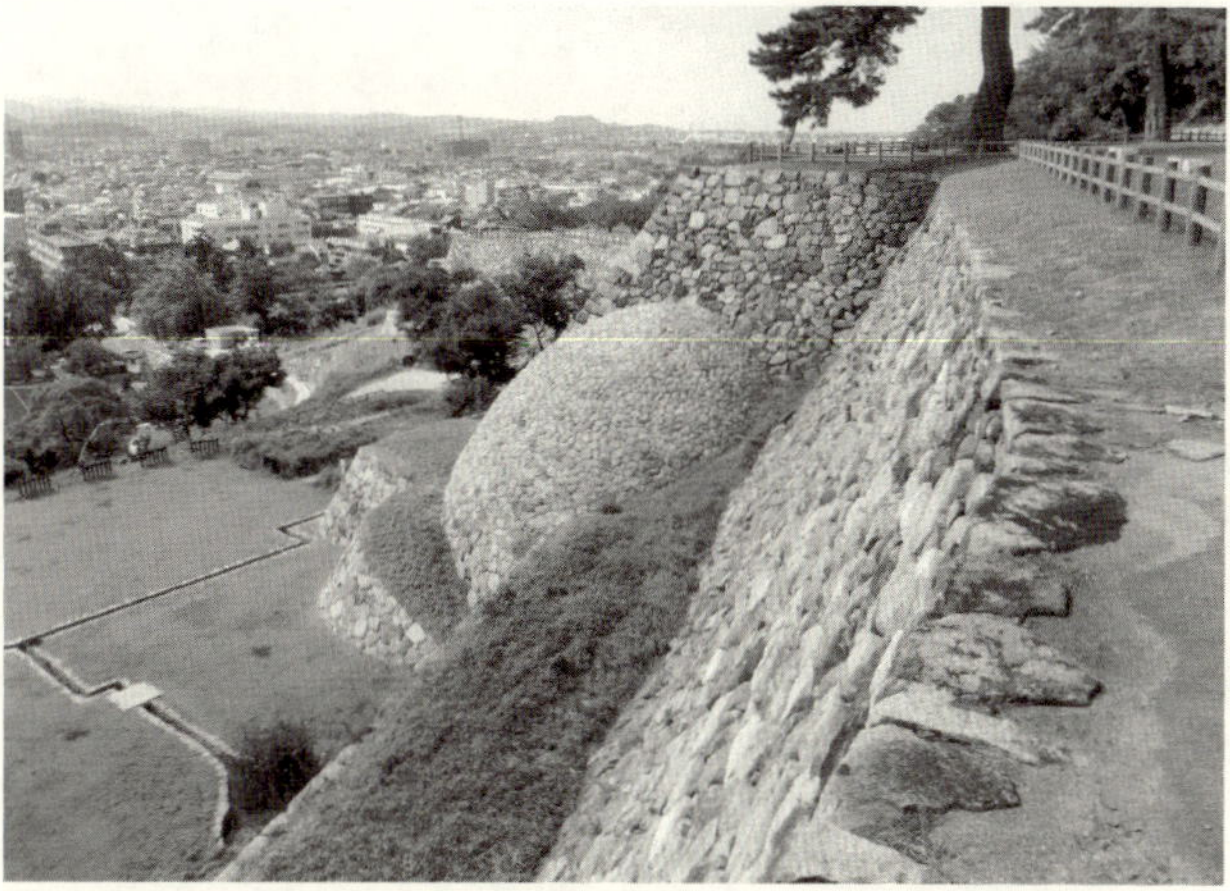

鳥取城の天球丸と、それを支える球状の巻石垣。豊臣秀吉による鳥取城攻めのときはなかった

その後、城主となった仙石《せんごく》秀久が、山本勘助が築いた縄張りをもとに城造りを行い、天守を整備。関ヶ原の戦いが終わり、秀久が小諸藩の初代藩主となると、石垣や門などの城郭整備を行った。こうして、戦国時代の城は近世城郭へと生まれ変わっていった。現在見られる大手門は、明治時代に一時、別の場所へ移転されていたものを、平成十九（二〇〇七）年に元の場所へ戻し、仙石秀久が築いた当時の姿を復元させたものだ。

豊臣秀吉が兵糧攻めを行った「鳥取の渇《かつ》え殺し」でも有名な鳥取城（鳥取県鳥取市）。現在は、珍しい石垣などが見られる「石垣の城」としても知られている。鳥取城は標高二六三メートルの久松山《きゅうしょうざん》の上に築かれた山上ノ丸と、麓の山下ノ丸があり、秀吉が包囲した際は山上ノ丸が中心だった。開城後に城に入った宮部継潤《みやべけいじゅん》は、山上ノ丸の石垣などを整備。その後、池田長吉《ながよし》によって山麓に城の中心が移され、山下ノ丸にある二の丸などが拡張整備された。さらに、元和三（一六一七）年に池田光政が因幡鳥取三二万石で鳥取城に転封されると、さらに二の丸や大手登城路などを整備した。

山下ノ丸には、天球丸という曲輪がある。池田長吉父子の頃までに築かれた、中央部が二段、東側が三段の狭い曲輪を、池田光政が上に石垣を築き足して拡張したものだ。この築き足した石垣部分が、江戸時代後期には孕み出して崩壊の恐れがあったため、土塁や石垣で補強された。亀の甲羅状に積み上げられた、一見すると球体にも見える珍しい石垣で、「巻石垣《まきいしがき》」と呼ばれている。こうした巻石垣があるのは、日本全国でも鳥取城だけだ。

また、九戸《くのへ》城（岩手県二戸市）も、東北地方の中世の城と、近畿地方の近世の城の両方の特徴を持つ城だ。南部氏の中で激しい後継争いがあり、一族の南部信直《なんぶのぶなお》が跡目を継いだ。しかしその後、小田原攻めの後の「奥州仕置」での混乱に乗じて、一族の有力者だった九《く》戸政実《のへまさざね》が反乱を起こした。信直は大坂の豊臣秀吉に助けを求め、秀吉は九戸討伐軍を派遣。九戸城は攻め滅ぼされた。

九戸城の本丸の防御となる空堀。二の丸へは木橋が架けられていた

九戸城の本丸虎口。豊臣秀吉の命で改修されたため九戸政実の反乱の頃はなかった

秀吉は蒲生氏郷《がもううじさと》に命じて、九戸城を豊臣流の城に改修。信直は福岡城と名前を改めて、その子が寛永十三（一六三六）年に盛岡城に移るまで、南部氏の本拠地とした。そのため、本丸は豊臣流の近畿地方の城の造りだが、本丸の外側にある若狭舘や外舘は以前からの東北の中世の造りを残している。

姫路城も大坂城も秀吉の城ではない⁉

先にも述べた通り、現在見られる大坂城は、豊臣秀吉ではなく徳川氏が建てたものだ。元和六（一六二〇）年から寛永六（一六二九）年にかけて、二代将軍徳川秀忠が築いたとされている。

同様に、秀吉が近世城郭として築き、江戸時代に大きく姿を変えたのが、世界遺産にもなっている姫路城（兵庫県姫路市）だ。白く優美な姿から「白鷺城」の名前も持っているが、現在残されている姿となったのは江戸時代になってからだ。

南北朝時代の砦から始まった姫路城は、中国攻めの際に黒田孝高《よしたか》より秀吉へ献上された。秀吉は三重天守を築いている。さらに、関ヶ原の戦いの後に池田輝政が入城し、拡張・改

姫路城の大天守。平成の保存修理工事を終えて、築城当時の純白の姿に　　提供：姫路市

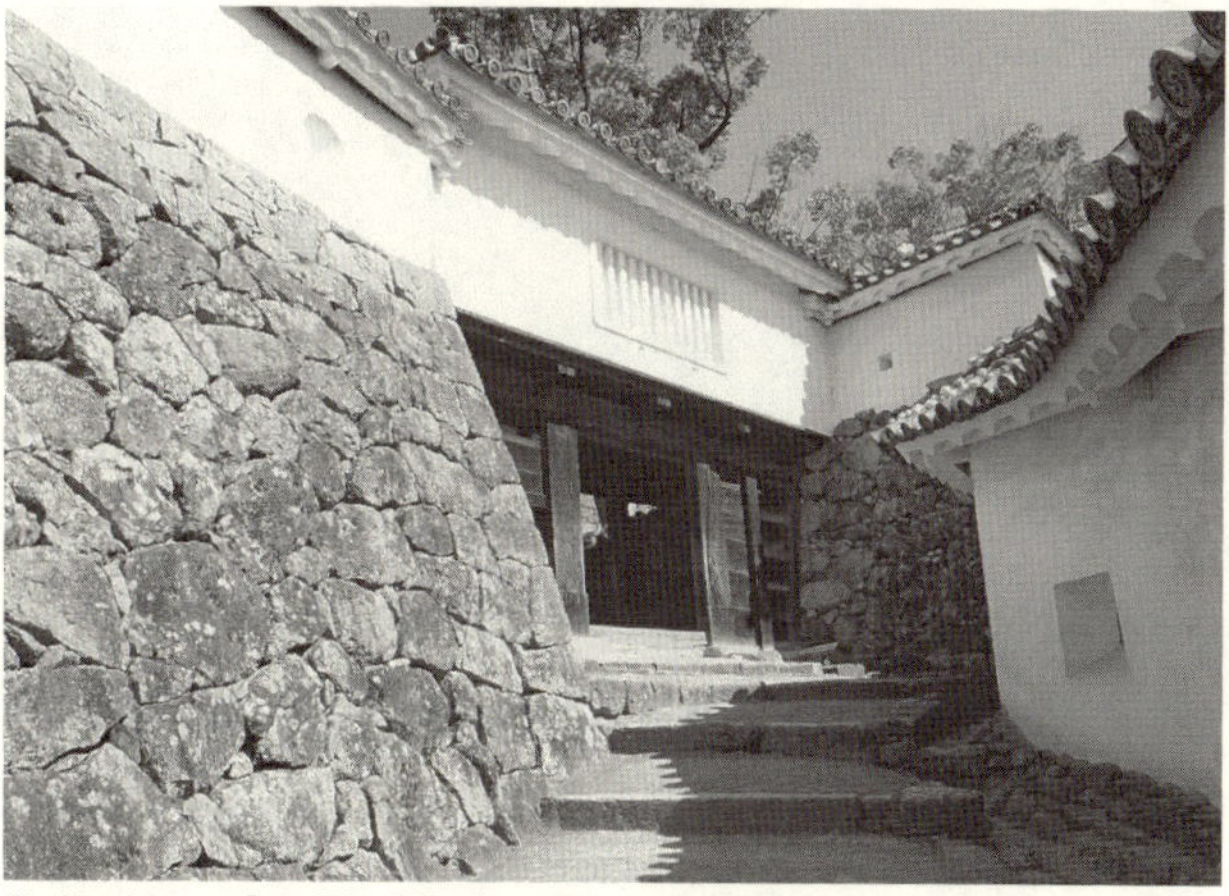

登り坂の上にある「はの門」。櫓門上部には侵入者を見張る格子窓がついている　提供：姫路市

修を行った。慶長十三（一六〇八）年には、五重六階地下一階の大天守が完成。望楼型の建物で高さは三一メートルあり、現存十二天守の中では最大となる。さらに、東小天守、乾小天守、西小天守が翌年に完成し、大天守と小天守が渡櫓で結ばれた連立式天守となった。二の丸、帯曲輪の建物もこの頃に建てられたものだ。三代目の池田光政が鳥取城へ移ると、本多忠政が姫路城に入り、西の丸が造られた。

徳川秀忠の長女で、豊臣秀頼の妻であった千姫は、大坂夏の陣で大坂城から逃れた後、本多忠政の嫡男・忠刻《ただとき》と結婚した。その際に、千姫のために造られたのが西の丸だ。輿入れに合わせて建築され、元和五（一六一九）年頃までに完成している。

西の丸は複数の櫓と渡櫓、土塁で囲まれていた。城外に向いた渡櫓や土塁には狭間が設けられており、侵入者への防御を担っていた。また、西の丸には化粧櫓という建物があった。千姫の持参金である化粧料で建てられた建物で、二重二階の櫓の二階部分には畳敷きの部屋が設けられていた。

姫路城には数多くの櫓や門が建てられ、また、城内の通路は場所によって道幅が変化していることで、まるで迷路のように侵入者を阻んでいた。その堅固な構えは、歴代の城主による増改築が繰り返されることによって、ようやく完成したのである。

第二章

実戦分析から見えてくる堅い城・脆い城

◆小谷城
◆長谷堂城

「落城したか否か」の史実のみではその城の真の実力は見抜けない？

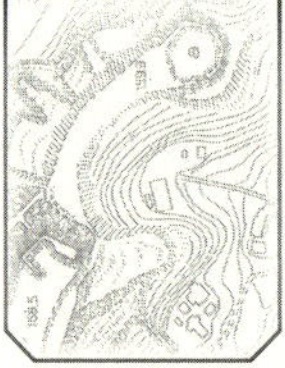

小谷城《おだに》（滋賀県長浜市）は、標高四九五メートルの小谷山の尾根に築かれ、背後に伊吹《いぶき》山系が控えるという自然の要害に囲まれた山城だった。縄張は、小谷山の山頂から尾根伝いに曲輪が列をなしていた。最先端ともいえる場所に出丸があり、周囲の平野一帯はもちろん、琵琶湖まで一望できる眺望があった。

縄張図を見ればわかるように、小谷城は清水谷を挟んで馬蹄形の尾根の片側にあたる。さらに、その谷を挟んで反対側の尾根にも、山頂の大嶽《おおづく》城をはじめ、複数の砦が配されていた。

城主・浅井《あざい》長政と織田信長の間で小谷城の戦いが行われたのは、天正元（一五七三）年のこと。織田軍は羽柴秀吉の部隊が夜襲を仕掛け、浅井久政が籠る小丸と浅井長政が籠城する本丸の間にある京極丸を陥落させ、守りに徹する浅井軍の分断に成功した。

小谷城を攻める際、出丸、金吾《きんご》丸……と尾根伝いに攻めるのがセオリーだ。直線距離は

手前の尾根上に小谷城があった。写真左手から山頂にかけて南尾根を登る大手道がある

近いものの、道らしき道もなく、見上げるような急斜面で、まともな部隊編成で登るのは不可能。少人数で駆け上がるのは、一か八かの無謀極まりない作戦だった。しかも、急襲したのは夜だったという。

しかし、これが秀吉の真骨頂ともいえる。「あり得ない」方向から敵が突然現れれば、パニックは必然。その際、人数の多寡はさして関係ない。そして、一番槍を秀吉に持って行かれたことに気づいた織田軍の各将は、城内から火の手が上がるや否や、「手柄を秀吉のみに独り占めさせてなるものか」と、こぞって大手から攻め寄せてきたはず。時間がたてばパニックは落ち着き、少人数の急襲部隊は一転、窮地に陥る。その前に味方が多数攻め

黒金門
鉄を打ちつけた頑強な扉であったと考えられている。周囲には巨石が多数残る

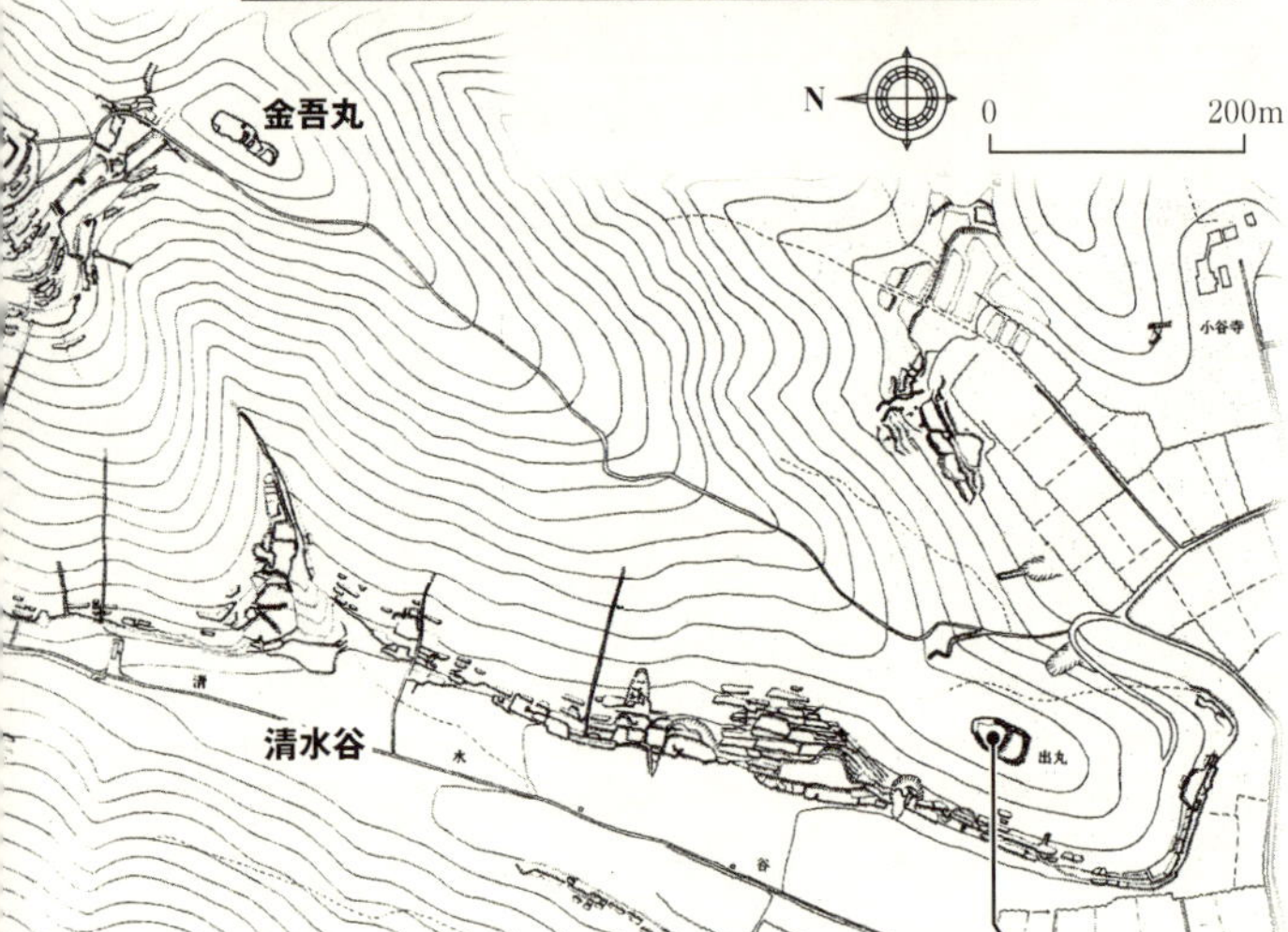

出丸
尾根の先端に位置する砦で眺望は抜群。コの字型に囲われた土塁で守られていた

◆小谷城 縄張図

提供：滋賀県教育委員会

【小谷城】
◆所在地：滋賀県長浜市湖北町伊部
◆築城年：大永三（一五二三）年
◆築城者：浅井亮政（すけまさ）
◆主な城主：浅井氏

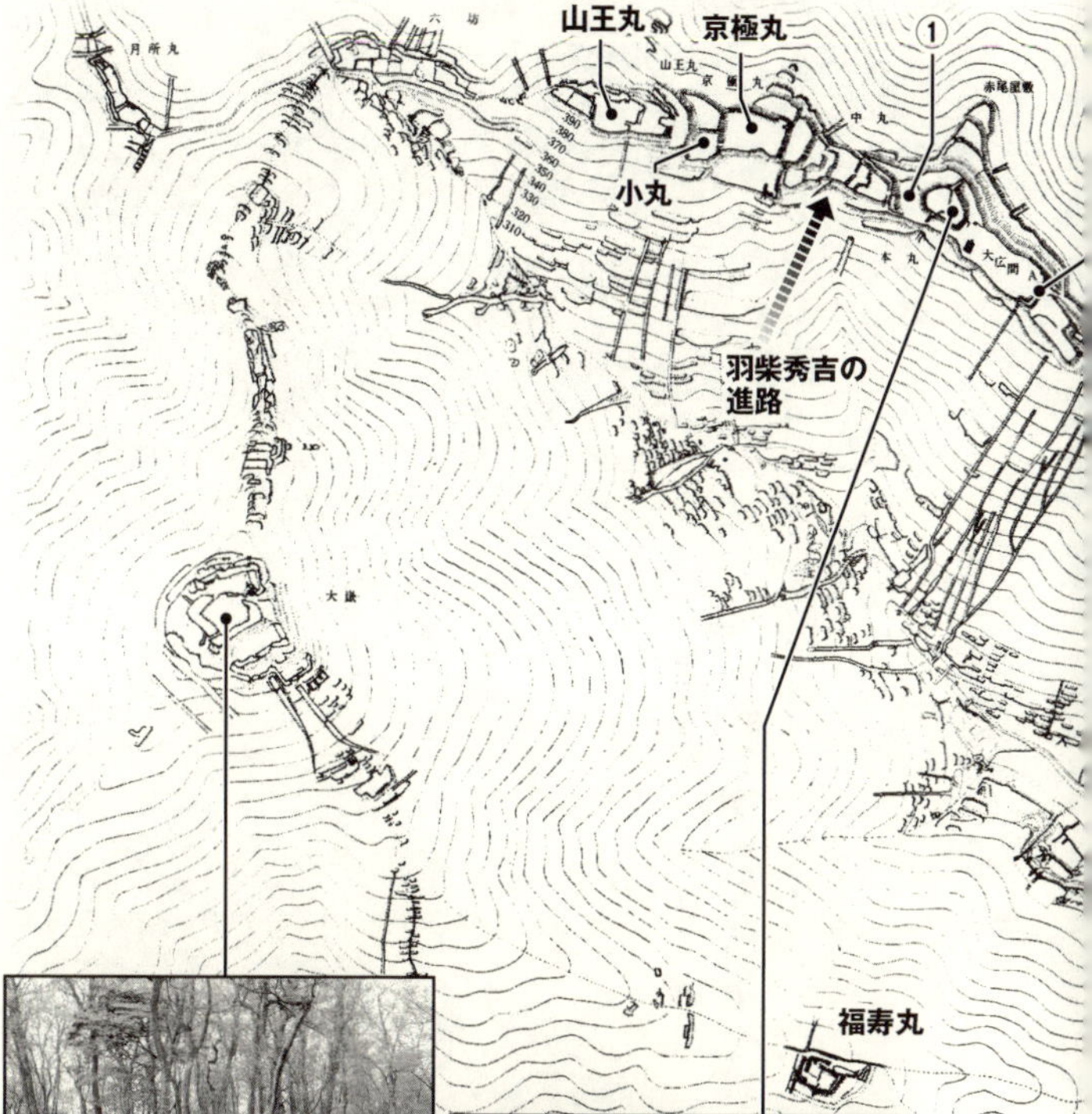

大嶽城
小谷城の戦いでは朝倉軍が籠った。主郭は土塁に囲まれ、横堀や段曲輪に守られていた

本丸
広大な大広間との間には、石垣により急峻な高低差。この城の最終防衛ラインだ

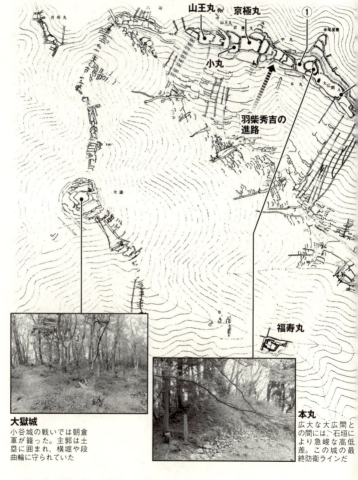

本丸北側からの侵入を防ぐため尾根を大きく削って造られた小谷城の大堀切（縄張図①）

上がって来ると読んでいたからこそ、秀吉は賭けに出たのだろう。
京極丸と本丸の間には、小谷城で最大の落差と幅を持つ大堀切がある。仮に京極丸を落とされても、敵兵の数はそれほどでもない。地形を味方に冷静沈着に対処すれば、浅井側が粘り勝ちできる可能性は充分にあった。小谷城の戦いは、土木的な巧みさを秀吉の奇策が破った一戦だったともいえる。

長谷堂城は直江軍が敢えて攻め手をゆるめた？

現在の山形県村山地方にあり、村山盆地と置賜《おきたま》（米沢盆地）を結ぶ小滝街道の谷口を塞

長谷堂城の本丸より、山形市街方面の眺望。現在も一面に田畑が広がっている

ぐ要衝を守っていた長谷堂《はせどう》城(山形県山形市)は、慶長五(一六〇〇)年の関ヶ原の戦いの際、最上軍が籠城して上杉方の直江兼続率いる軍と戦い、守り切った。上杉軍屈指の名将を跳ね返したことで、一躍その名を知られるようになった城だ(両軍の動きや位置関係は十六ページ参照)。

標高二三十メートルの丘陵に築かれた山城であり、東西七百メートル、南北六五十メートルと大規模で、城全体は本沢《もとさわ》川と本沢川から引いた幅七メートル、深さ三メートルほどの濠で囲まれていた。城の周りは水田に囲まれており、ぬかるみが敵の迅速な移動を防ぐ役割を果たしていたともいわれている。

しかし、合戦時は旧暦の九月中旬(現在の

十月上～中旬）にあたり、すでに水田は稲刈りの時期を迎えて乾いていたと考えられる。そして、長谷堂城の縄張図は比較的シンプルで、攻め手を防ぐ凝った構造は見受けられない。ではなぜ、長谷堂城は陥落しなかったのだろうか。籠城した最上軍の兵力は五千ほど。対して、直江軍は二万ほどだった。犠牲を厭わず強襲すれば、落とせない城ではなかったはずだ。

おそらく、直江軍にはある思惑があった。関ヶ原に乗じて最上領を奪うのが、上杉家としてのこの戦いを仕掛けた本来の目的。最上義光率いる本隊、そしてその援軍の伊達軍と相まみえ、撃破してしまいたい。そのためには兵力を温存し、自軍により有利な体制で戦いたい。完全包囲された長谷堂城を囮《おとり》にし、救出のため進軍してきた最上本隊・伊達軍との野戦を目論んでいたのではないだろうか。つまり、長谷堂城は「敢えて」生き長らえさせていたのだ。

誤解を恐れずにいうならば、結果的に落城を免れたからといって、イコール堅城とはいえず、そのまた逆もしかり。実戦の舞台となった城ほど、その城自体を評価する際は「史実」という先入観を、まず除いて見る必要がある。小谷城と長谷堂城は、その好例といえるだろう。

◆長谷堂城 縄張図

※現地看板を元に作成

【長谷堂城】
◆所在地：山形県山形市長谷堂内町994
◆築城年：十六世紀初期？
◆築城者：最上氏？
◆主な城主：最上氏、志村氏、坂氏

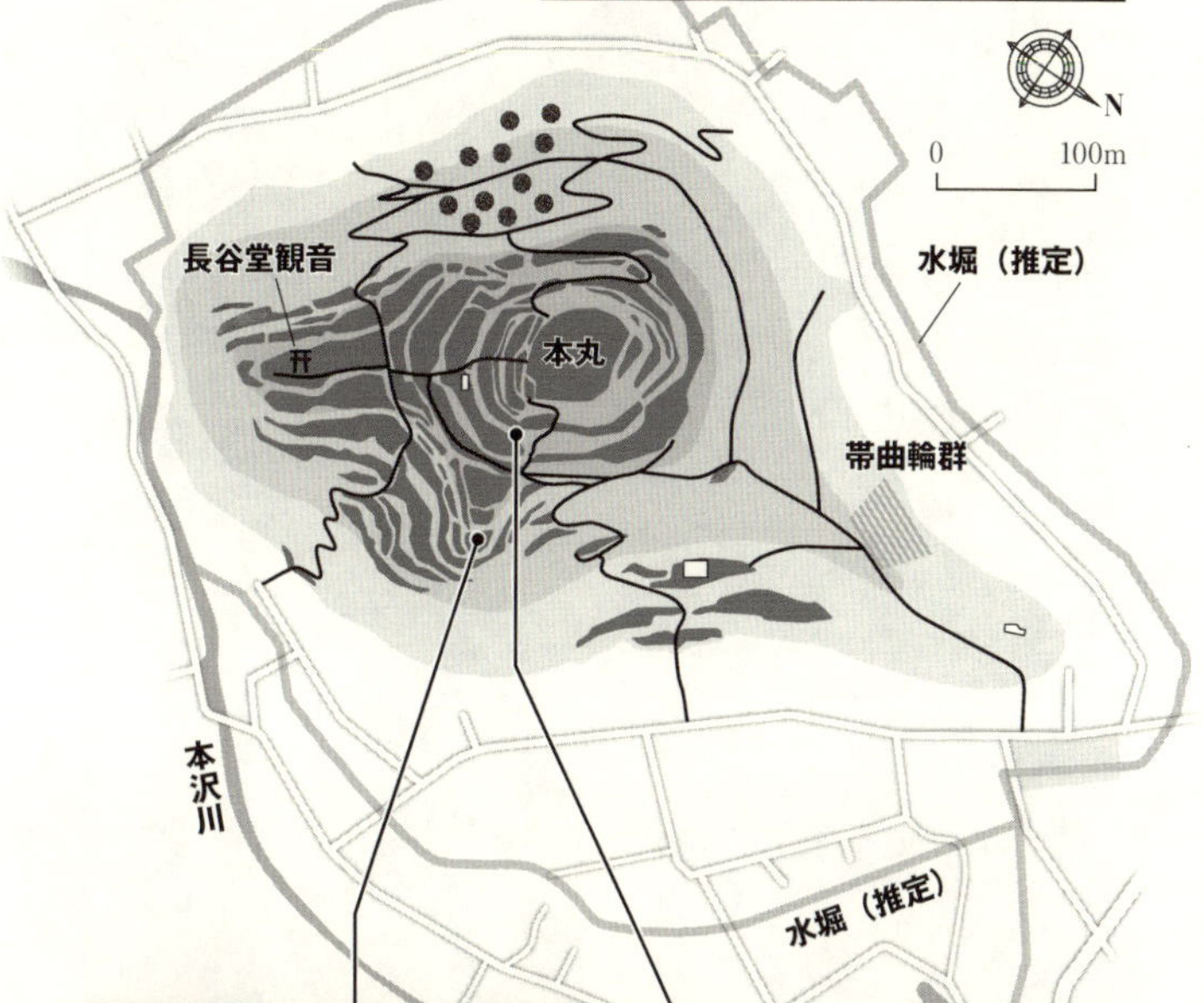

出丸
現在でも、大きくせり出しているのがよくわかる。敵の動きを監視するには最適な地形だ

本丸下の横矢掛り
侵入者を横から攻撃するため屈曲させた通路。頂上の本丸につながる通路なので敵の侵入には特に厳重だ

◆七尾城
◆月山富田城
◆吉田郡山城

山全体を要塞化した巨城の城内に施された二重三重の仕掛け

城の防御力を高める要素はさまざまだが、巨城であることは非常に重要なポイントのひとつといえるだろう。城域が広大であればあるほど、攻め手は取り囲むのが難しくなる。城を包囲して逃げ道を封じる作戦が取りづらくなるのだ。たとえ攻城戦に勝っても、城主以下の脱出を防ぐのは極めて難しい。

戦国時代を代表する巨城として、ここでは七尾城（石川県七尾市）、月山富田《がっさんとだ》城（島根県安来市）、吉田郡山《こおりやま》城（広島県安芸高田市）を取り上げたい。七尾城は能登国を治めた畠山氏の居城で、七つの尾根筋を中心に多くの曲輪を有し、南北約二・五キロメートル、東西約一キロメートルに及ぶ。山陰地方の雄・尼子《あまご》氏が拠点とした月山富田城も南北一キロメートルにわたる広さを誇った。吉田郡山城は毛利氏の居城。巨大化したのは尼子氏との争いの後であり、巨城化以降は合戦の舞台となっていないとされるが、六本の尾根を駆使して放射状に広がる曲輪の数は二百七十以上もあり、包囲が困難な巨城といえる。

調度丸から桜馬場間の石垣。城兵は上から敵兵を見下ろし、攻撃できる（縄張図①）

九尺石がある西側の虎口は大手門だったとか。権力誇示のため巨石を用いたとの説も(縄張図②)

◆七尾城 縄張図

作図：千田嘉博
提供：七尾市教育委員会

【七尾城】
◆所在地：石川県七尾市古府町竹町古屋敷町
　入会大塚14-6ほか
◆築城年：戦国時代前期（永正～大永年間頃）
◆築城者：能登畠山氏
◆主な城主：能登畠山氏

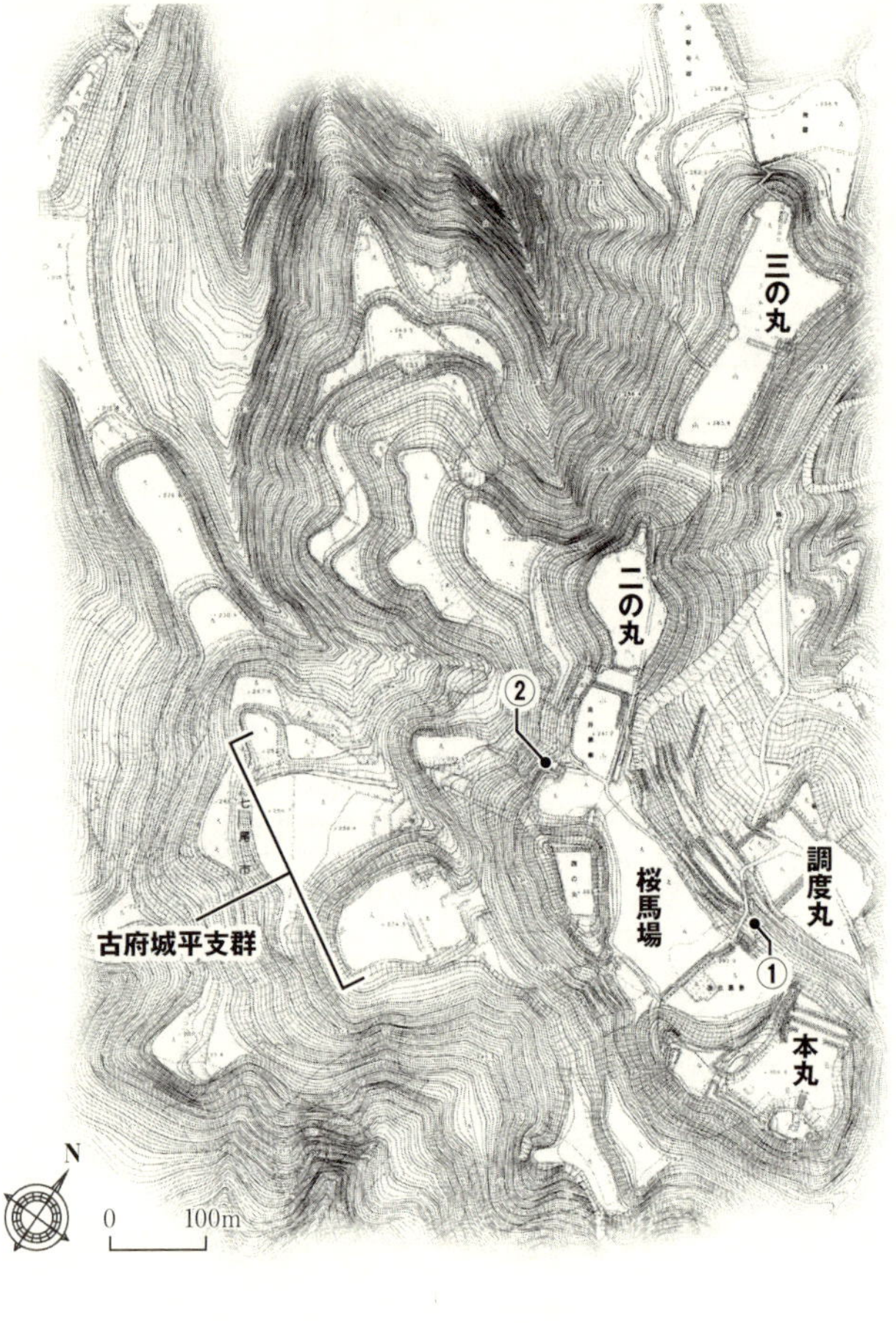

必要最小限の城兵で守れる効率的な構造

ところで、城の規模が大きくなると、籠城側としては小規模な城に比べて防備のために多くの人員を必要としてしまうことがデメリットだ。そこで、人員を効率的かつ必要最低限で配置し、城の防御力を最大限に発揮できる構造的な工夫がなされている。城が大きい分、土木工事の規模も必然、大きくなることになる。

例えば、七尾城は背後に従えた海と二本の川により、侵入経路は川と川の間のみ。唯一の弱点ともいえる侵入路には幅六〜七メートル、深さ一〜四メートルほどの堀を設け、防御網を張っていた。城兵は川と川の間に集中すればよく、そこも堀で敵の勢いを削ぐことができるため、守りやすかっただろう。

月山富田城は攻め口が菅谷口《すがたにぐち》、御子守口《おこもりぐち》、塩谷口《しおだにぐち》の三つに限られていた。しかも、この三つの攻め口は三段構えの縄張りの中段にある山中御殿という曲輪で合流しているため、どの攻め口から攻め入っても、結局は山中御殿にたどり着く。守備側は山中御殿での防御に神経を集中することができるという仕組みだ。

万一、山中御殿が突破されたとしても、さらに先にも侵入してきた敵兵を迎え撃つ工夫

【月山富田城】
◆所在地：島根県安来市広瀬町富田
◆築城年：平安時代？（鎌倉時代とも）
◆築城者：不明
◆主な城主：尼子氏、毛利氏、吉川氏、堀尾氏

本丸
本丸は大堀切を挟んで二の丸の隣にある。本丸のある山頂部の尾根は急峻で、馬の瀬に沿って二の丸、三の丸も置かれた
山中鹿介屋敷跡
二の丸
N
0
100m

◆月山富田城 縄張図

作図：高屋茂男

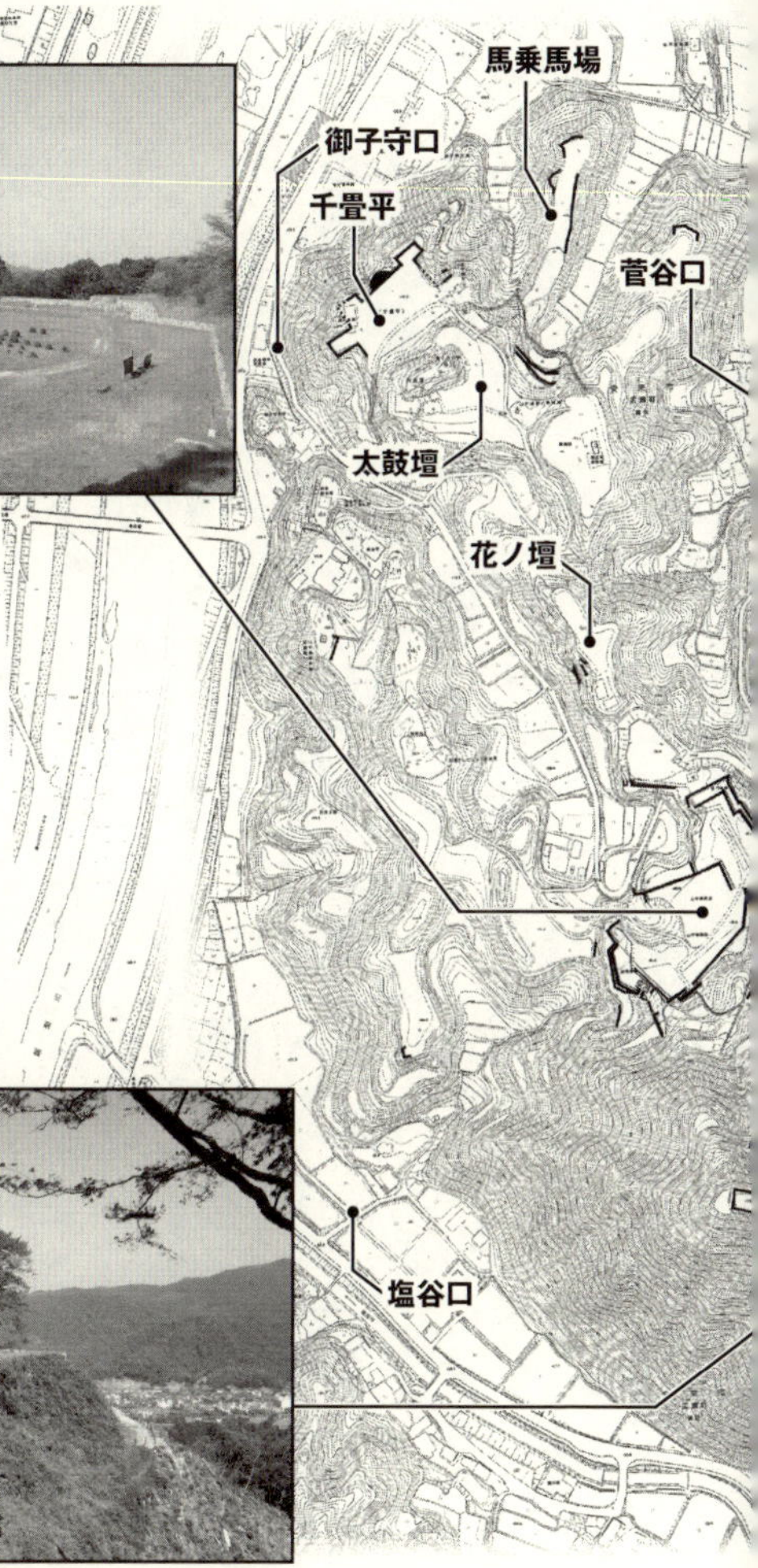

山中御殿
広さは三千平方メートル余りもある。石垣に囲まれた二つの曲輪を中心として構成されていた

三ノ丸
本丸への入り口に当たる三の丸の周囲には石垣が備わる。通路は屈曲しており、侵攻する敵兵の勢いを削いだ

がある。山中御殿から山頂の本丸までの道は、「七曲がり」と呼ばれる急峻でかつつづら折りとなった一本道を行くしかない。攻めて来る兵は確実に体力を奪われ、しかも一本道であるため、迎撃もしやすかった。

さらに、山頂部分に備えられた高石垣や深さ七～八メートルの堀切により、本丸は簡単には陥落しない造りになっていた。

そして、吉田郡山城。巨城化してから実戦を経験していないため仮定の話となるが、攻め口となり得る尾根は複数、本丸を中心に放射状に伸びている。曲輪と堀切が連続し、幅も限られている尾根を突破するのは容易ではない。かといって、その間の谷から駆け上がろうとしても、高低差も相当あり、勾配も急峻。頭上からの雨あられの攻撃により甚大な被害が免れないだろう。

それでも城内へと攻め入られた場合、最後の砦となる本丸とその周辺には、少人数でも守り切れる高い守備力があったのだ。七尾城は、本丸の周囲に築かれた曲輪がそれぞれ連絡路でつながっており、守備側は曲輪ごとに孤立することなく連携できた。さらに、三の丸から本丸にかけての主要な曲輪には、山城では珍しい石垣が配されている。

釣井の壇西側の切岸。崩れた巨石も見られ、石と土を駆使した構造だったのがわかる（縄張図③）

姫丸の壇側の本丸切岸。釣井の壇側よりもさらに落差が大きく角度も急だ（縄張図④）

本丸
火薬庫
旧本城

◆吉田郡山城 絵図

提供：安芸高田市歴史民俗博物館（個人蔵）

【吉田郡山城】
◆所在地：広島県安芸高田市吉田町吉田
◆築城年：建武三・延元元（一三三六）年
◆築城者：毛利氏
◆主な城主：毛利氏

◆滝山城
◆唐沢山城

大軍を阻んだ関東の二大堅城 絶対死守ポイントの巧みな構造とは

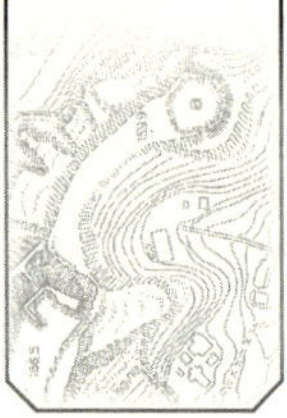

滝山城と唐沢山《からさわやま》城はそれぞれ、武田信玄と上杉謙信という強大な敵からの猛攻に耐え抜いた歴史がある。圧倒的な戦力差にも関わらず、大軍を退けたのはなぜだろう。

滝山城があるのは標高百六十メートルの場所で、高さはさほどでもない。だが、複雑な地形を活かした天然の要害で、東西五百メートル、南北七百メートルの規模は当時の関東では随一だった。

永禄十二（一五六九）年、滝山城は約二万もの武田軍に攻め込まれる。この戦いで、滝山城は三の丸まで攻め落とされたというが、二の丸より内側は持ちこたえることに成功している。実は、滝山城は二の丸こそ最も防御力が高いエリアだったのだ。二の丸には堀、虎口、土橋、馬出などがあり、集中防御の体制が取られていたのである。

一方、本丸西側からの侵入に対しても対策が練られていた。侵入者を出丸と本丸から挟撃できる仕組みになっており、出丸には馬出があり、兵力も充実していたと見られる。そ

◆滝山城 縄張図

作図：中田正光

【滝山城】
◆所在地：東京都八王子市丹木町・高月町
◆築城年：大永元（一五二一）年
◆築城者：大石定重
◆主な城主：大石氏、北条氏照

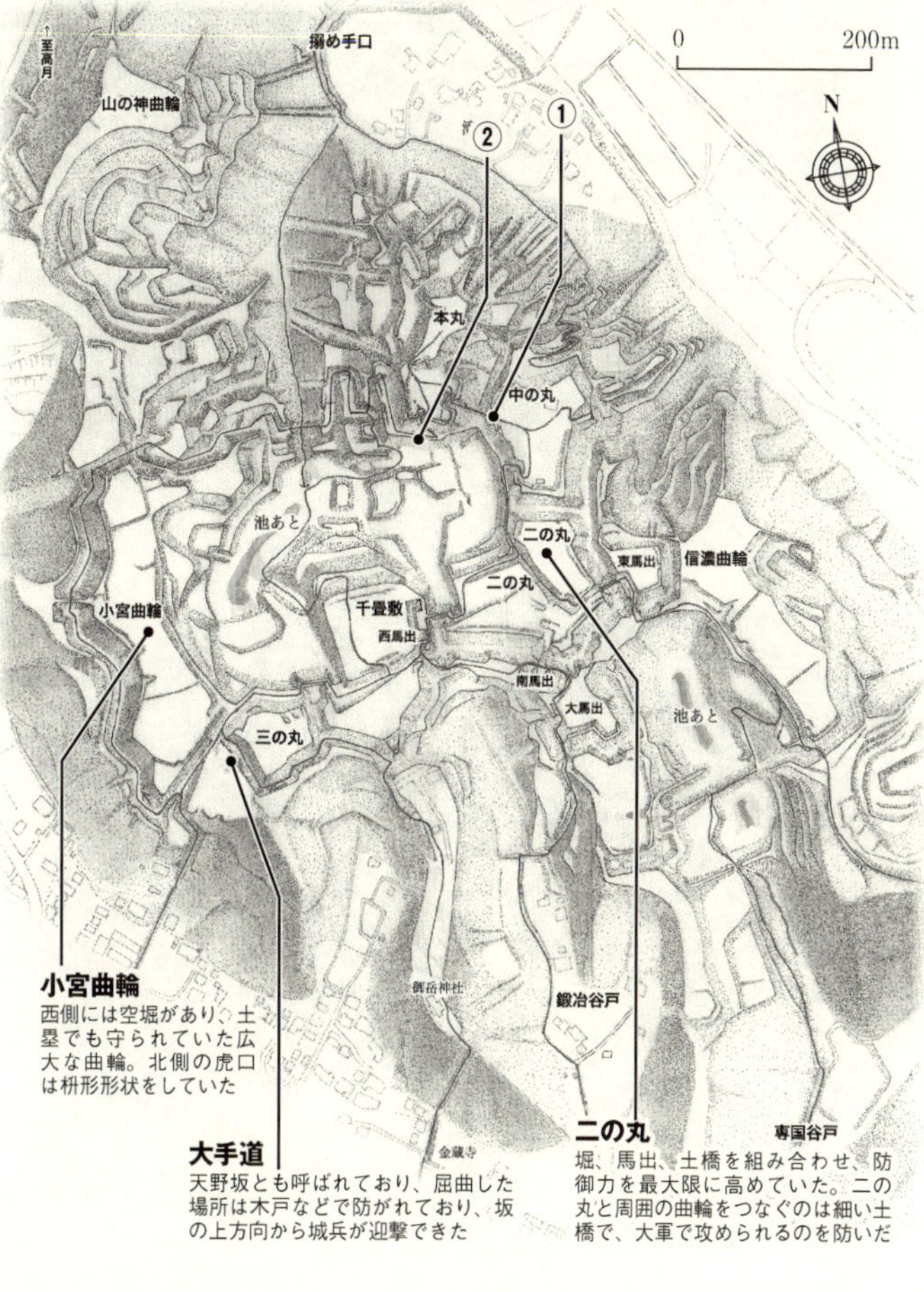

至高月
搦め手口
0
200m
N
山の神曲輪
①
②
本丸
中の丸
池あと
二の丸
二の丸
東馬出
信濃曲輪
小宮曲輪
千畳敷
西馬出
南馬出
大馬出
池あと
三の丸
鍛冶谷戸
金蔵寺
専国谷戸
小宮曲輪
西側には空堀があり、土塁でも守られていた広大な曲輪。北側の虎口は枡形形状をしていた
大手道
天野坂とも呼ばれており、屈曲した場所は木戸などで防がれており、坂の上方向から城兵が迎撃できた
二の丸
堀、馬出、土橋を組み合わせ、防御力を最大限に高めていた。二の丸と周囲の曲輪をつなぐのは細い土橋で、大軍で攻められるのを防いだ

中の丸の腰曲輪の木橋（復元）。渡るには中の丸から北側を遠回りする必要があった（縄張図①）

木橋を渡った先の枡形虎口。幅も木橋より狭く、大軍が通りにくい（縄張図②）

して、本丸へと続く経路には木橋が備わっていた。この橋は大規模な堀に架けられたもので、有事の際は橋を引き込み、敵が渡るのを阻止できた。もともと、木橋のあった場所は尾根続きであったため滝山城の弱点とされたが、木橋と堀により本丸を尾根から分断することで、防衛線を張ったのである。このように、滝山城は特に二の丸以降、敵軍が大挙して押し寄せられない工夫が随所に散りばめられていたのである。

大手であった天野坂は枡形虎口が設けられ、敵側には脅威だ。その先の家臣屋敷があった小宮曲輪にも枡形虎口があり、敵は狭い通路を一列縦隊せねばならない。ほかにも、城内には敵が直進不能なコの字型土橋も設けられ、何度も体の向きを変えながら進む敵を効果的に側面攻撃できる工夫が施されていた。各曲輪までの道は自然地形を利用したくねくねとした道で、攻め手の体力を大いに消耗させたと考えられる。

唐沢山城は本格的な高石垣が最終防衛ライン

唐沢山城も、関東屈指の堅城として知られていた。この城の特徴は、関東地方では珍しく、本格的な石垣を備えていたことだ。

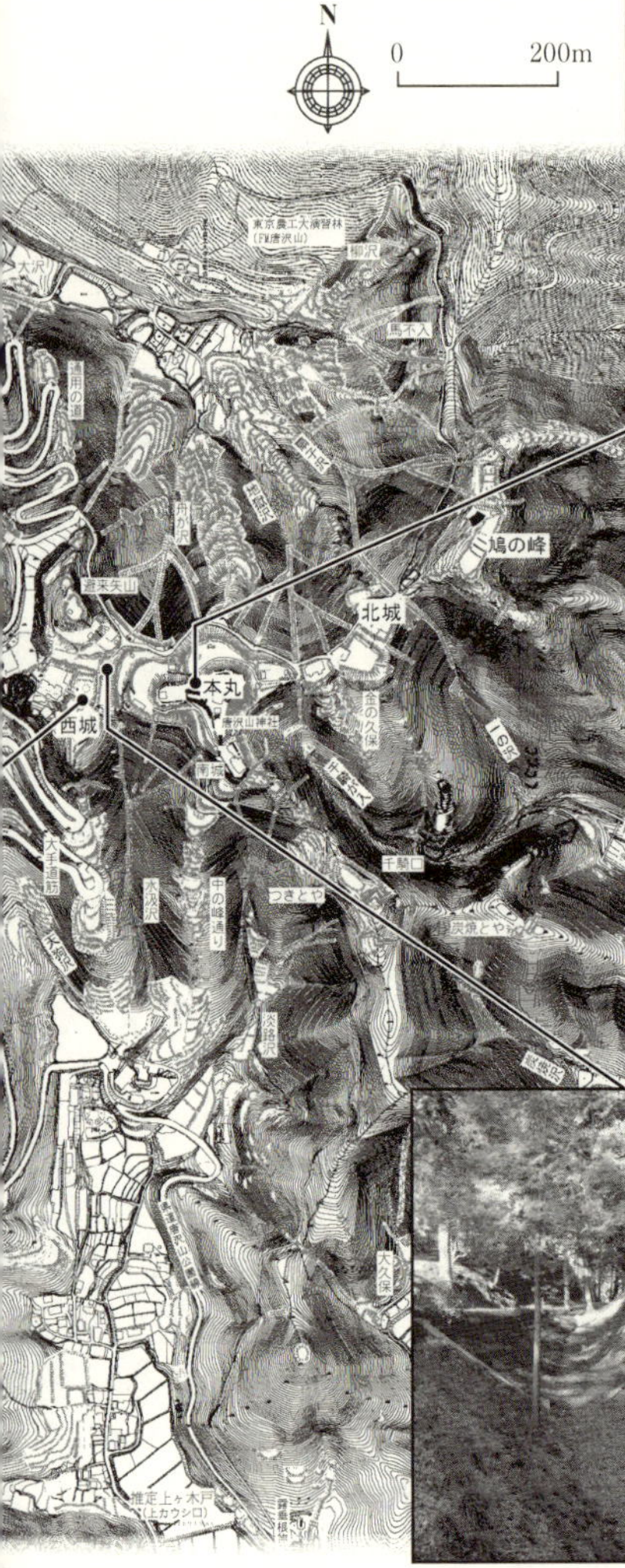

本丸の高石垣
用いられた石は内部が岩石質で、唐沢山自体から切り出された可能性もあるという

大堀切
長大であるため、横堀のようにも見える。堀の幅は七メートル近くもある

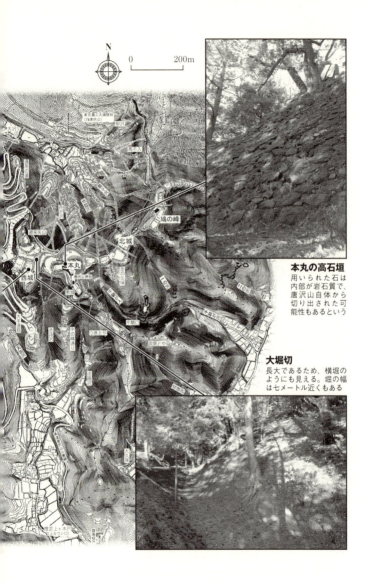

◆唐沢山城 縄張図

提供：佐野市教育委員会

天狗岩
城の入り口付近に当たり、南側の関東平野を一望できることから、物見台としての役割があった

大炊の井
唐沢山城の貴重な水源で、直径八メートル、深さ九メートルもある巨大な井戸。築城時に祈願したところお告げがあり、掘削すると水が沸き出たという

【唐沢山城】
◆所在地：栃木県佐野市富士町
◆築城年：延長五（九二七）年
◆築城者：藤原秀郷、佐野氏
◆主な城主：佐野氏

特に本丸周辺は、高さ十メートルほどの石垣が四〇メートル近く累々と続く。攻め上がって来た敵の勢いを削ぐには充分の威圧感だ。石垣は本丸以外にも三の丸などに備えられており、敵の進撃を食い止める役割を果たしていた。

もちろん、石垣だけで防御を固めていたわけではない。山肌をえぐり取ったかのような大規模な堀や堀切がそこかしこに造られ、侵入を図る敵の行く手を阻んだ。中でも、三の丸近くに設けられた四つ目堀は深さが二メートルを超えていたとされ、重い甲冑をつけた武者が容易によじ登れる代物ではなかった。

関東に進出して来た上杉謙信は、実に十度にもわたって唐沢山城を攻め立てているが、幾度となく撃退されている。無数の堀や堀切の突破に苦戦し、さらに傾斜のきつい山頂にある本丸になかなか迫ることができなかったのだろう。

唐沢山城があった唐沢山は標高二四七メートルで、本丸のあった山頂までは急峻な山道の連続だった。攻め手は、この山道を登るだけでも体力を著しく消耗してしまうことになる。途中の曲輪を攻略し山頂に迫ることができたとしても、高石垣や堀切が待ち受ける。峻嶮な地形と防御構造を組み合わせた堅固な造りを突破するのは、大軍といえど容易ではなかったはずだ。

◆二俣城
◆長篠城

急流に守られた崖の上に立つ二城
その運命の分岐点を再検証する

二俣《ふたまた》城（静岡県浜松市）と長篠《ながしの》城（愛知県新城市）は、いずれも武田軍から攻撃を受けている。そして二本の急流に挟まれ、断崖に守られるという地理条件も似ていたのだが、戦の結果は完全に明暗が分かれた。そのポイントは何だったのだろうか。

二俣城の戦いが起こったのは、元亀三（一五七二）年十月から十二月にかけてであった。二俣城は天竜川と二俣川という二本の急流に挟まれた山城で、信濃から遠州の平野部に通じる交通の要衝に位置し、戦略上重要な城だ。天竜川と二俣川の合流地点にあるだけでなく、標高九〇メートルの高台にあり、自然地形に守られていた。当時、二つの川が削った斜面は岩盤がむき出しになっていて、天然の防御壁を形成していたという。

さらに、天然の要害だけに頼らず、堀切や石垣も城の随所に設置し、守りを固めていたとされる。城の構造としては、人工物と自然地形が融合し、非常に堅固な城といってよさそうだ。

◆二俣城 縄張図

提供：浜松市役所市民部文化財課

【二俣城】
◆所在地：静岡県浜松市天竜区二俣町二俣
◆築城年：南北朝時代？
◆築城者：不明
◆主な城主：松井氏、依田氏、大久保氏、堀尾氏

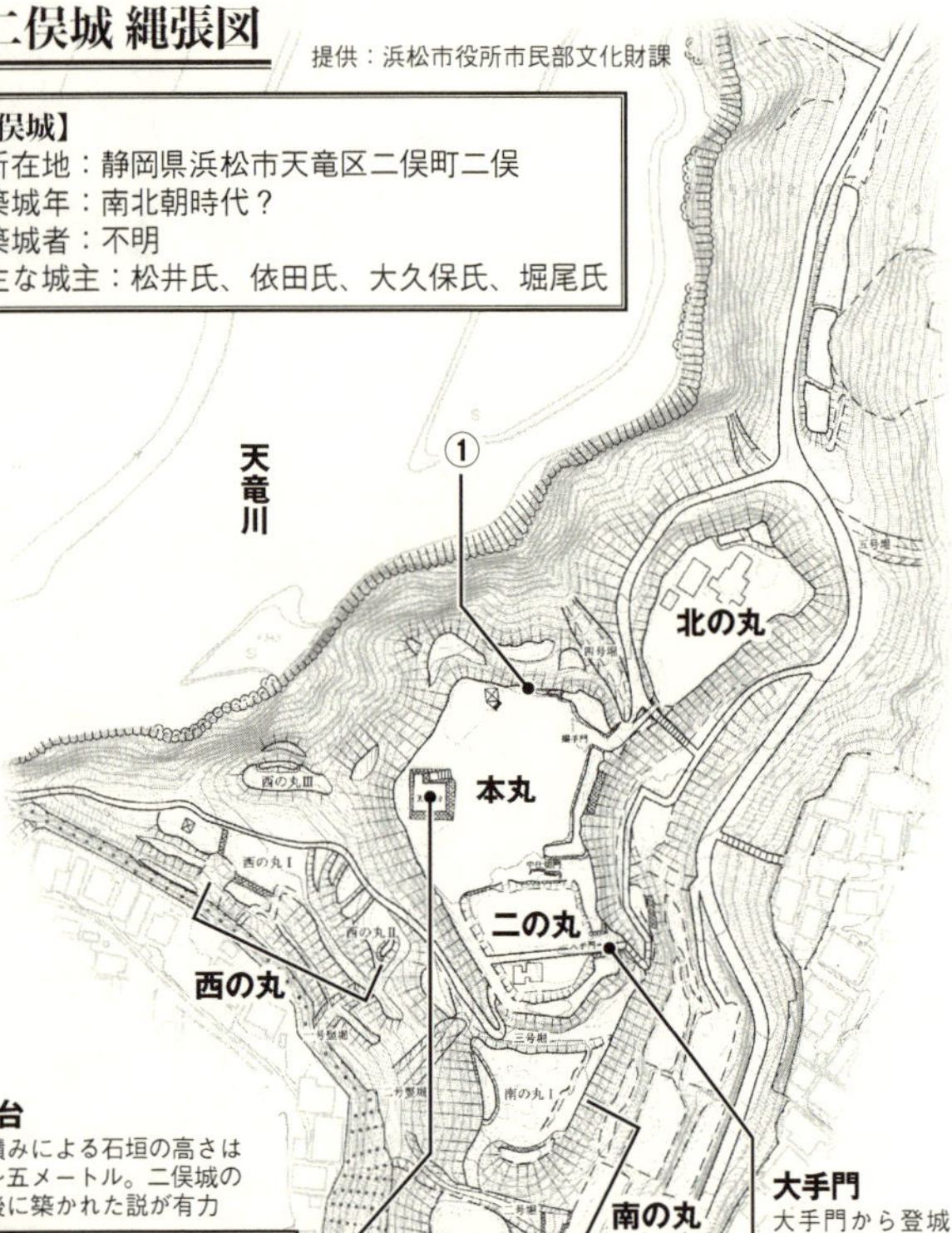

天守台
野面積みによる石垣の高さは約四〜五メートル。二俣城の戦い後に築かれた説が有力

大手門
大手門から登城路を見下ろす。つづら折りの急坂が攻め手を阻んでいる

本丸北側は落差十数メートルの断崖。眺望と防御力を兼ね備えていた（縄張図①）

ただ、二俣城は水の手に難があった。すぐそばを川が流れているため、籠城時に大量に必要となる水に困ることはない。天竜川沿いの断崖に井楼を設け、水を汲み上げる仕組みだったのだ。

武田信玄はそこに目をつけた。二俣城を攻めた際、急流に守られ守備力の高いこの城を落とすには、正攻法では時間がかかると判断。そこで、天竜川の上流側から大量の筏を作って流し、井楼の柱にぶつけて破壊して水の手を断つという大胆な作戦を実行している。城兵は雨水を桶に溜めるなど、水対策は講じていたとされるが、井楼を失ったことで一気に水不足に陥ってしまい、ほどなく落城に至るのである。

◆長篠城 縄張図

提供：新城市教育委員会

【長篠城】
◆所在地：愛知県新城市長篠市場22-1
◆築城年：永正五（一五〇八）年
◆築城者：菅沼元成
◆主な城主：菅沼氏、奥平氏

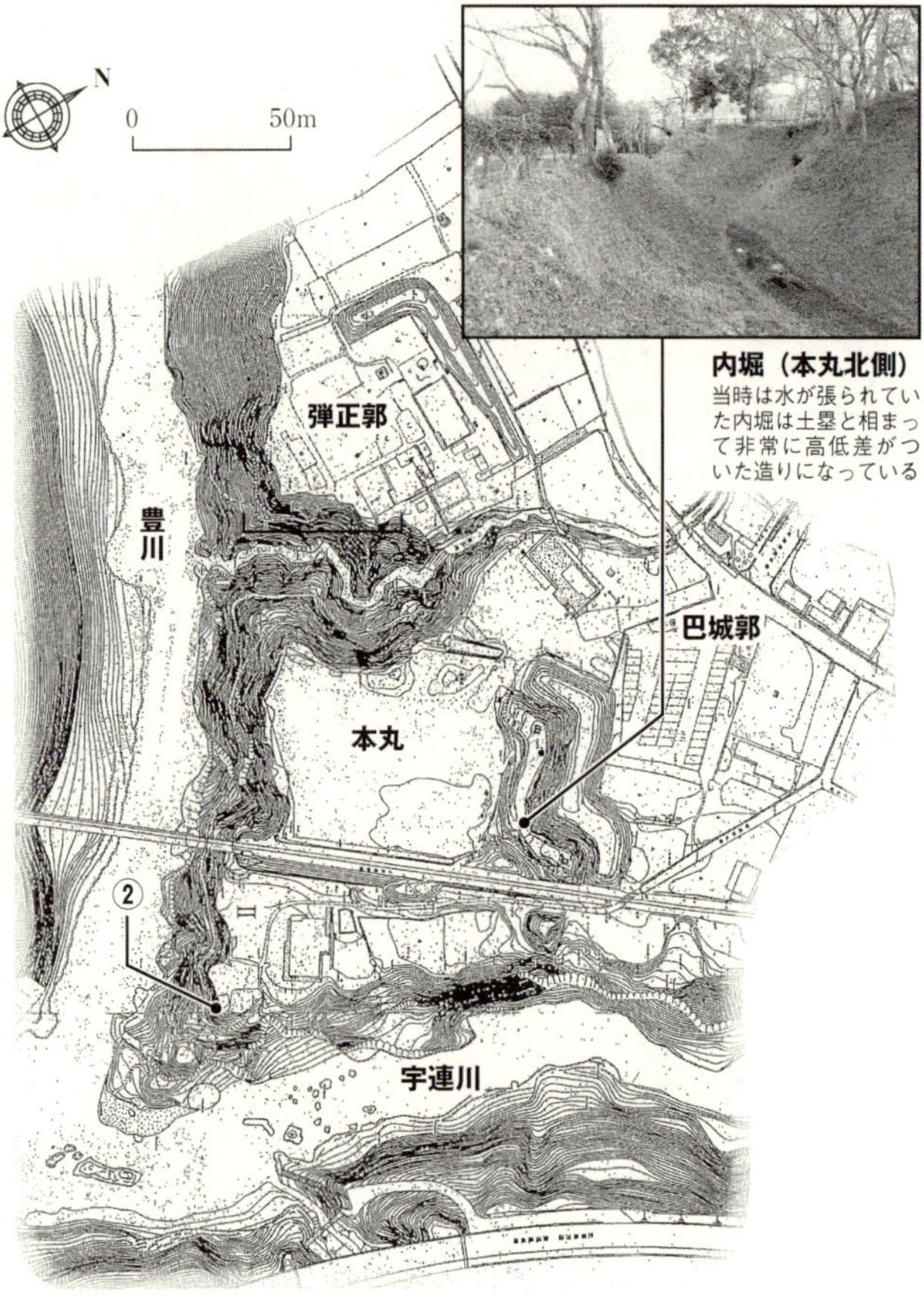

内堀（本丸北側）
当時は水が張られていた内堀は土塁と相まって非常に高低差がついた造りになっている

川の合流地点の突端部には野牛曲輪が置かれ、先端には野牛門も設けられていた（縄張図②）

長篠城の唯一の弱点は北側 徹底防備で敵軍を撃退

一方、長篠城は、豊川と宇連《うれ》川が城の西、南、東を取り囲んでおり、唯一の弱点ともいえる北側には塀と土塁を築き、鉄壁の防御を誇っていた。しかも、城があった場所は断崖絶壁の上であり、天然の要害に守られた城だったのである。武田軍と戦った長篠の戦いの頃は、本丸や二の丸を守るように城の北側には堀や木柵が二重三重に設置され、防備の上で北側の弱点をいかに解消するかに心血が注がれていたとわかる。

実際に戦となれば、守る側は北からの攻めに対し集中すればよく、少数の兵力でも持ちこたえられる。天正三（一五七五）年五月の長篠の戦いでは、武田軍は大軍をもって城を包囲したが、守備力を集中させた北側からの正面突破は困難を極めた。川を渡って裏側を攻める奇襲も行われたが、急流で渡りづらく、城兵からの矢や石による迎撃で撃退されている。しかも、川を渡れたとしても、城が建っているのは河川の急流によって削られた高さ十メートルほどもある絶壁の上。よじ登ることは極めて難しい。

二本の河川が東西、南をぐるりと囲んでいることで、長篠城は敵に全方位を包囲されたとしても、事実上は北側からの攻めにのみ対応すればよく、効率的な守備が可能だったのである。

二俣城の落城は水の手を失ったことが大きな要因ではある。しかし、そもそも武田軍はなぜ水の手を断つ作戦に切り替えねばならなかったのか。実は、急流に挟まれるように守られた二俣城も、攻め口は北東部の大手口しかなかった。しかも、この大手口は急な坂道となっており、武田軍は下から攻め上がる形となり、籠城側の迎撃を一身に受ける形となっていたのだ。これでは、さすがの武田軍も攻めあぐねるのは無理のない話。結果として、力技での攻城を諦めたことが武田軍にとっては功を奏し、攻略につながったのである。

◆備中高松城
◆忍城

土木技術と動員力を活かした城攻め 水攻めの成否を分けた要因とは？

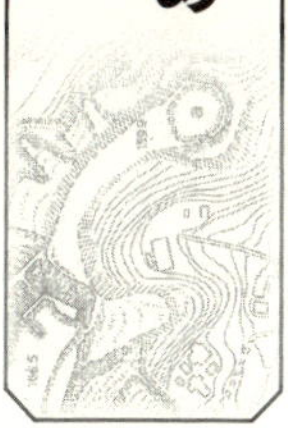

備中高松《びっちゅうたかまつ》城は、備前国と備中国（ともに現在の岡山県）の間にある要衝。織田信長と対立を深める毛利氏に味方する、備中国の豪族が守る七つの城（境目七城）が重要な防衛ラインを形成し、備中高松城が主城であった。備中高松城の周辺には、「沼田」や「東沼」などの地名に代表される、沼沢が天然の外堀の役割を成した。縄張りは、一辺が約五〇メートルの方形状の本丸を中核にして、堀を隔てて同規模の二の丸が南に並び、三の丸と家中屋敷とが、コの字状に背後を囲む梯郭式に近い縄張り。水面との比高はわずか四メートル、人馬の進み難い要害の地であった。忠義に厚い城主、清水宗治の奮戦もあり、羽柴（豊臣）秀吉軍は攻めあぐんでいた。

水を活かした城郭を、逆に水によって攻めようと策を講じたのが、軍師・黒田官兵衛である。この策を受け入れた秀吉は、直ちに水攻めに向けた築堤に着手した。備中高松城の近くを流れる足守《あしもり》川の東に位置する蛙ケ鼻《かわずがはな》から、全長約二・七キロメートル、高さ約七メートルの堤防を築き、梅雨を利用して堤防に足守川の水を引き込むことで、備中高松城を水の中に孤立させた。この築堤工事はわずか十二日間で完成したとされる。水没する備中高松城を目のあたりにし、城兵たちは戦意を失い、羽柴秀吉は戦わずして勝利を収めた。

◆備中高松城の戦い 布陣図

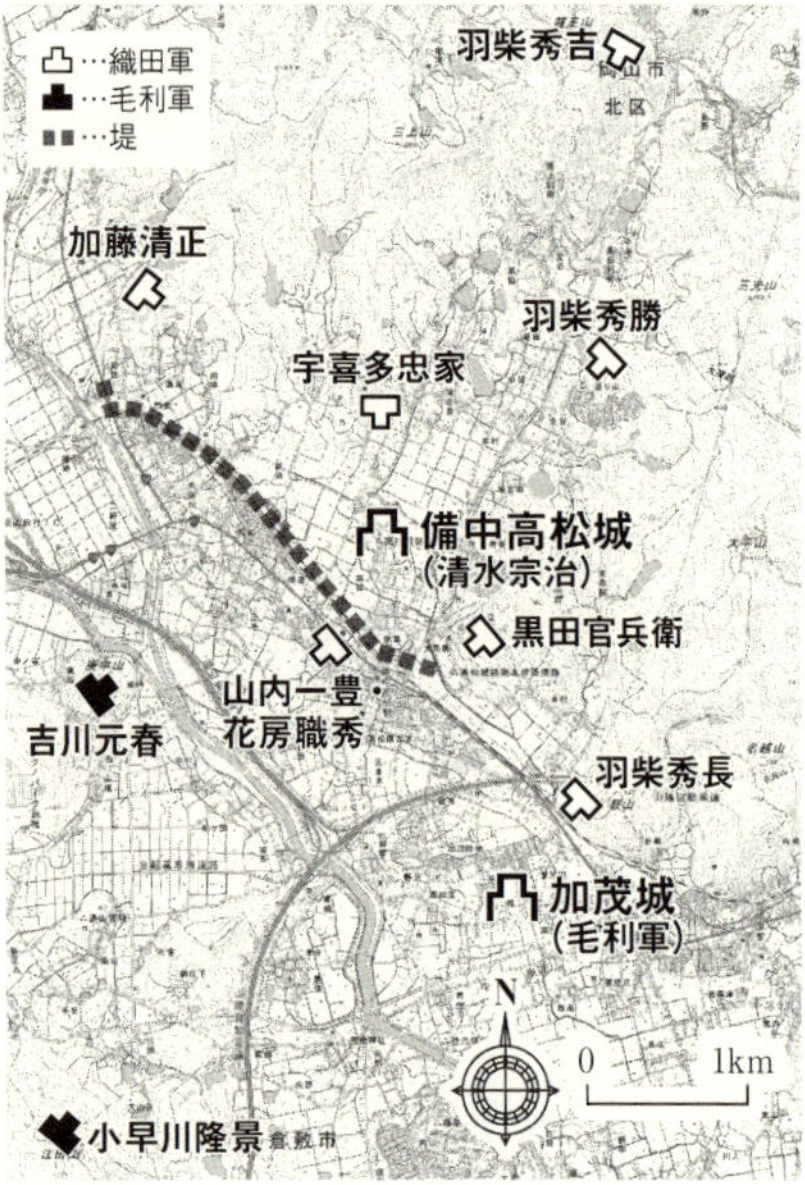

異常な規模の堤を築くも忍城はついに落とせず

天正十八（一五九〇）年、忍《おし》城で大規模な水攻めが行われた。天下統一を目指す豊臣秀吉は、北条氏が守る小田原城（神奈川県小田原市）を大軍で包囲。石田三成に二万の軍勢

備中高松城の三の丸から、二の丸と本丸を望む。高低差がほぼない沼地だ

で北条方の忍城を攻めさせる。忍城主・成田氏長《うじなが》と弟の泰親《やすちか》は小田原城の守りに入っており、忍城の守りは城代・成田泰季《やすすえ》が中心となっていた。忍城内には周辺の領民が逃げ込み、雑兵や百姓、町人、女子らも含めて総勢約二千七百人が入城した。また、籠城戦の途中で、成田泰季が急死し、代わって息子の成田長親《ながちか》が城代になった。

同年六月初旬頃、石田三成は丸墓山古墳《まるはかやま》(埼玉県行田市)に布陣。忍城を取り囲むように堤を築き、利根川と荒川の水を引き込み、水攻めにすることを決めた。だが結果として、圧倒的な兵力差にも関わらず、水攻めでは忍城を攻略できなかった。なぜ失敗したのか。

忍城を水攻めにするために、荒川の自然堤

行田市堤根地区に残る約二八二メートルの石田堤の現存部分は埼玉県指定史跡

防の一部などを利用して築いた堤は「石田堤」と呼ばれる。忍城の周囲に約二八キロメートル（諸説あり）もの堤を築き、荒川と利根川の水を城内に流し込む作戦だった。一説には、堤をわずか一週間で築いたとされるが、当時の記録から、忍城攻めが始まって約一カ月後の七月前半にも、堤の補強が行われている。突貫工事で築いた堤を、水攻めをしながら補強していたのだ。

堤は完成し、利根川や荒川の水を引き入れたが、地形的に忍城や城下町よりも南東部（現在の下忍・堤根方面）に水が溜まってしまう。その結果、石田三成が布陣した丸墓山古墳付近の堤が決壊。攻略できないうちに小田原城で北条氏が降伏。忍城は開城した。

◆天正年間武蔵忍城之図

提供：行田市郷土博物館（個人蔵）

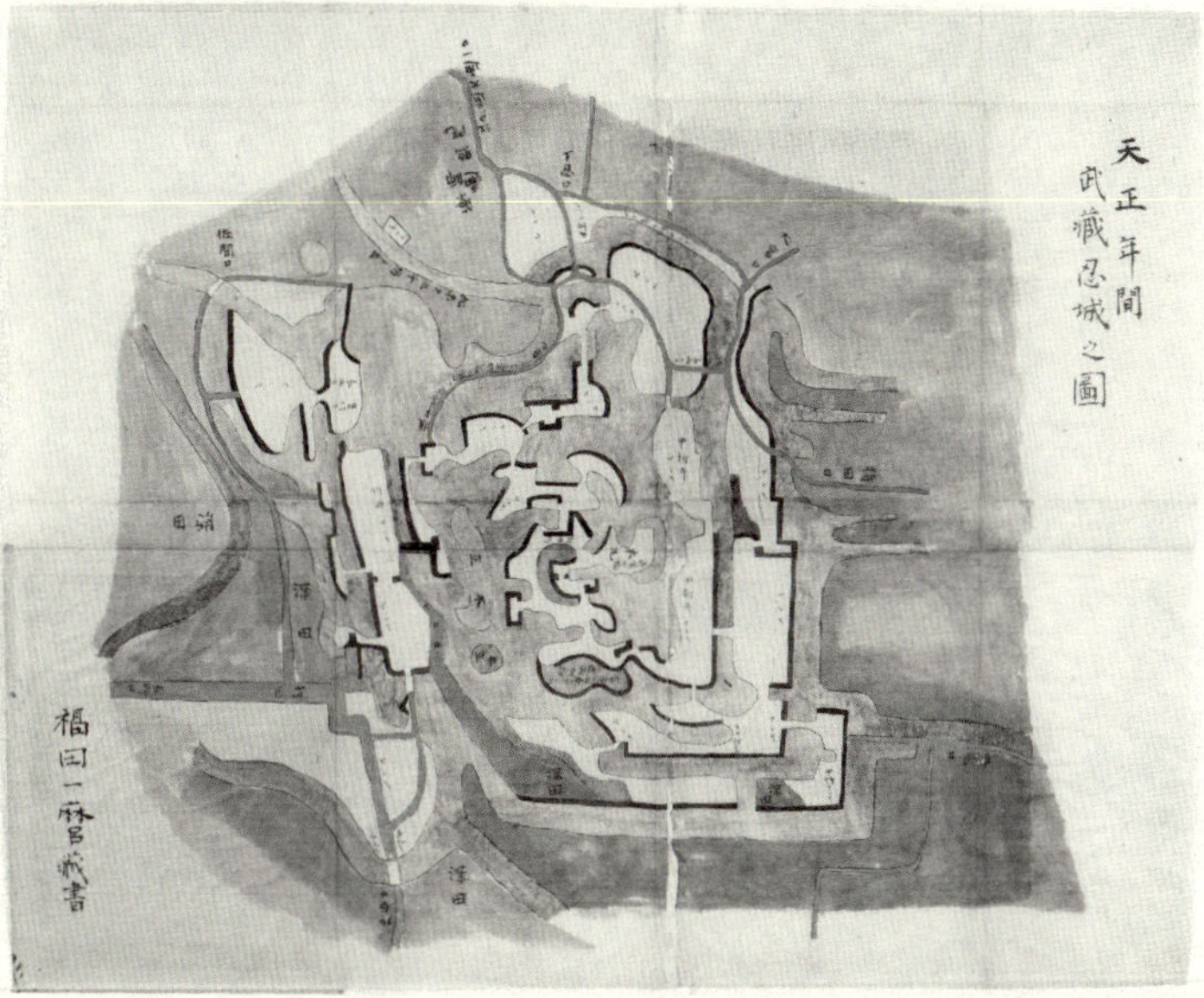

備中高松城と条件は似ているが、浸水部分の細かい見極めが成否を分けた。備中高松城の水攻めを進言した黒田官兵衛は、播磨《はりま》国（現在の兵庫県）出身で、隣国の備中国の地形に明るかったのかもしれない。

【備中高松城】 所在地：岡山県岡山市北区高松558-2／築城年：十六世紀後半／築城者：石川氏／主な城主：石川氏、清水宗治、花房職秀（もとひで）

【忍城】 所在地：埼玉県行田市本丸17-23／築城年：十五世紀後半／築城者：成田氏／主な城主：成田氏、松平忠吉

◆高天神城

湿地帯にそびえる急峻な山城 弱点を克服する武田流築城術とは？

戦国時代に、武田信玄・勝頼の親子と徳川家康が壮絶な争奪戦を繰り広げた城が、現在の静岡県掛川市にあった高天神城《たかてんじん》である。三方を崖に囲まれた標高約百三十メートルの鶴《かく》翁山《おうざん》に築かれた山城なのだが、東峰と西峰の二つに縄張りが広がり、二つの峰の曲輪が互いを補完し合って機能する、「一城別郭」と呼ばれる構造が特徴となっている。

高天神城は、支配者が変わるたびに城域が強化されてきた。元々の縄張りは大手から三の丸、本丸といった曲輪で構成されていた東峰だけであった。城のあった鶴翁山は標高こそさほどではないが、山肌は急峻で、斜面を駆け上がって急襲することは難しい。武田信玄も一度は高天神城を包囲するが、無理な攻城戦には打って出ず、兵を退いている。

しかも、戦国時代当時、高天神城の周辺は海水が入り込むラグーン状になっていたという。峻嶮な山の周りに湿地帯が広がる特異な環境で、高天神城は山城の強さと水城の強さの両方を兼ね備えた、いわばハイブリッドの城だったのだ。攻めるには、細く蟻の戸渡り

西峰にある同城最大の横堀。土塁に守られ写真左側から登り来る敵を迎撃した（縄張図①）

西峰はいたるところに落差の激しい堀切が連続して切られている（縄張図②）

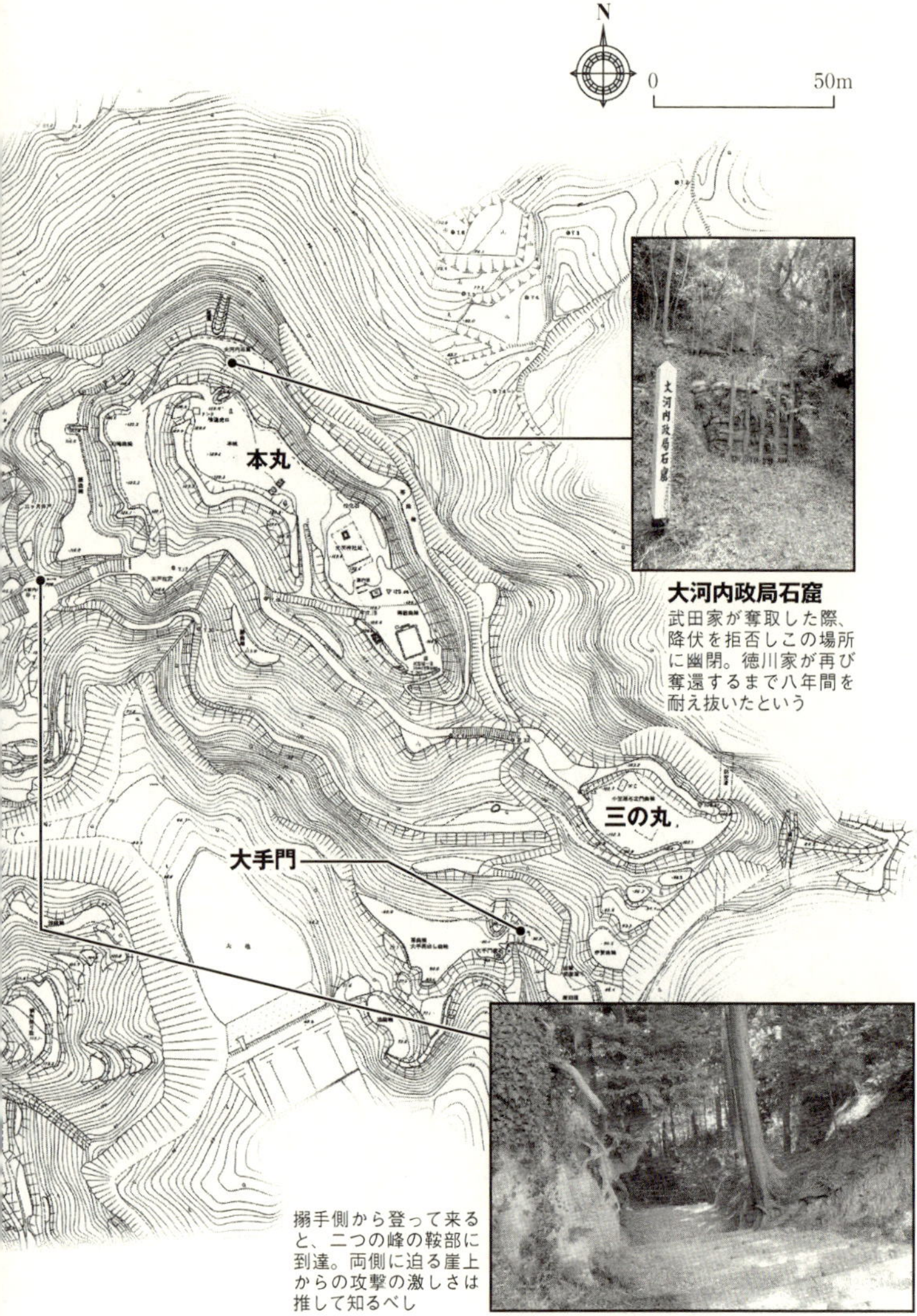

大河内政局石窟

武田家が奪取した際、降伏を拒否しこの場所に幽閉。徳川家が再び奪還するまで八年間を耐え抜いたという

搦手側から登って来ると、二つの峰の鞍部に到達。両側に迫る崖上からの攻撃の激しさは推して知るべし

◆高天神城 縄張図

提供：掛川市教育委員会

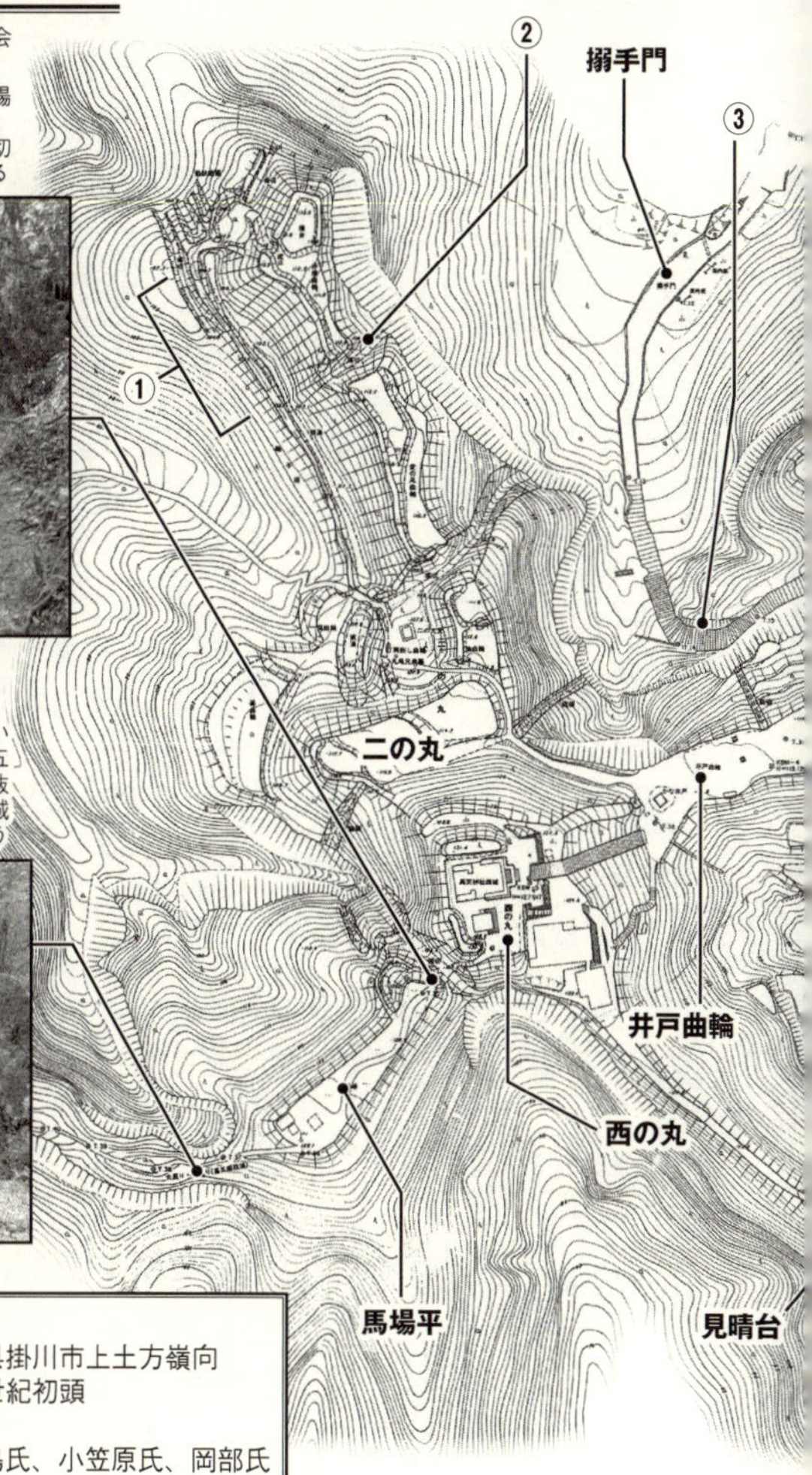

現在の高天神社がある場所が西峰側の最高地点。馬場平との間は深い堀切がズバリと切られている

甚五郎抜道

第二次高天神城の戦いの際、武田家の横田甚五郎がこの道から密かに抜け出し、主君・勝頼に城の最期を知らせたという

【高天神城】
◆所在地：静岡県掛川市上土方嶺向
◆築城年：十六世紀初頭
◆築城者：不明
◆主な城主：福島氏、小笠原氏、岡部氏

のような尾根を進むか、さもなくば切り立った崖を強引に駆け上がるしか、方法はなかったのである。

弱点だった北西の尾根は巨大横堀で克服

勝頼が城を攻めた当時は城域が東峰のみだったため、ほかに比べて緩やかだった北西側の斜面を利用して攻略につなげたといわれる。

高天神城を手に入れた勝頼は城域の拡大に着手した。東峰の弱点を克服するために西峰を開発したのである。西峰の中央部には西の丸が置かれ、その北側に二の丸が配された。西峰を尾根伝いに南側から上がる道は両脇の斜面が険しく、途中には岩盤を掘削したような堀切が設けられている。道は直線的だが、一気呵成には攻め込めない造りになっているのだ。

勝頼が開発した西峰の中でも特筆すべきなのが、北西に伸びる尾根に造られた長大な横堀だ。北西側の斜面は高天神城の城域の中で唯一の緩斜面で、弱点といえた。勝頼の造った横堀により、高天神城の弱点は克服されることになる。さらに、尾根には堀切が切って

◆武田・徳川の高天神城を巡る攻防年表

永禄十一年（一五六八）	高天神城が徳川方に従属
元亀二年（一五七一）	武田信玄が高天神城を包囲。塩買坂に陣を張り内藤昌豊に攻めさせる
天正二年（一五七四）	第一次高天神城の戦い。信玄の後を継いだ勝頼が攻め落とす
天正三年（一五七五）	家康が高天神城への補給路を断つ
天正四年（一五七六）	勝頼が相良城を築城し補給路維持を試みる
天正六年（一五七八）	家康が再度、補給路を妨害
天正八年（一五八〇）	家康が高天神六砦を築き、高天神城の監視を厳重にする
天正九年（一五八一）	第二次高天神城の戦い。岡部元信らが打って出て討ち死に。家康が城を手に入れる

あり、敵の侵入をはね返すだけの防御力を備えていた。

勝頼による城域の拡張は、単に高天神城の城域を拡げて、縄張をより複雑化し攻め辛くするだけではなかった。本丸のある東峰の弱点となる西峰に、武田流の築城術を駆使した数々の曲輪や防衛上の工夫を施すという考えに基づいていた。元々、東峰の縄張りだけでも堅城であったが、西峰を合わせた一城別郭の構造とすることで、より難攻不落の城となったのである。

一五七〇年代後半になると、徳川家康は高天神城の奪還に打って出る。家康は陸路による城への補給ルートを断つ作戦に出たが、当時はラグーン状であったため、海路からの補

搦手口からは断崖絶壁の真下を登ってゆく。上から狙われたらひとたまりもない（縄張図③）

給は可能だったと考えられている。しかし、家康は高天神六砦を築き、時間をかけてじわじわと包囲網を強めていった。

最終的には、城への援軍が見込めなくなったため、籠城していた武田方の岡部元信以下の兵士達が玉砕覚悟で野戦を仕掛けることになる。すると待ち受けていた徳川軍に返り討ちに遭ってしまい、高天神城は徳川の手中に落ちることになった。

この戦いにおいて高天神城に籠った武田軍は敗北するが、城自体が徳川家康に攻略されたわけではない。山と水の地形を巧みに取り入れ、かつ城域に数々の防御網を張った高天神城は、家康といえど、力技では陥落できなかったのだ。

◆熊本城

なぜ薩摩軍は城を落とせなかったのか
時代を超え真価を発揮した築城術

熊本城は、築城の名手・加藤清正によって慶長六（一六〇一）年に着工、慶長十二（一六〇七）年に完成した。熊本城の大きな特徴は、天守に匹敵する巨大な櫓群を備えている点である。本丸には大天守と小天守からなる連結式天守を構え、本丸の北西隅には、「第三の天守」と呼ばれる宇土《うど》櫓が配された。宇土櫓は三重五階地下一階。三重櫓ではあるものの、石垣の高さ約二一メートル、櫓の高さが約十九メートルあり、ほかの城であれば天守級の規模である。

本丸を囲む曲輪群では、南側の飯田丸（西竹の丸）が代表的で、小さな城のように独立した造り。天守代わりの飯田丸五階櫓（西竹の丸五階櫓）が配された。ほかにも、数奇屋《すきや》丸五階櫓や御裏《おんうら》五階櫓などの巨大な櫓群が、中心的な曲輪にそれぞれ配置された、きわめて防御力の高い構造である。

そして、天守や櫓群を支えるのが石垣だ。加藤清正は石垣造りを得意とし、特に「武者

加藤清正が築いた石垣と、後の肥後藩主・細川忠利が拡張した石垣が見てとれる「二様の石垣」

返し」の技法で名を馳せた。下部から緩やかにカーブを描き、上に向かうほど反り返りが激しくなり、上部では垂直に近い勾配になる積み方だ。

曲輪や高石垣の配置から、熊本城は南側が特に堅固な構造になっている。というのも、江戸幕府の「仮想敵」であった薩摩藩（現在の鹿児島県西部）に対して備えるためだ。西南戦争で薩摩軍の包囲戦をしのぐことができた要因の一つと考えられているが、実際にはどうだったのだろうか？　西南戦争の経過を追いながら検証していきたい。

明治十（一八七七）年二月十五日、大雪の中、薩摩軍が北上を開始。熊本鎮台司令長官・谷干城《たにたてき》は、城内の士気の低さから、開戦前日の二月十四日に籠城を決意。二月十九日に市中に火を放ち、開戦前に城下は焦土と化した。同じ頃、天守と本丸御殿一帯が、原因不明の火災で焼失してしまう。この状況の中、薩摩軍が熊本城へ到着。熊本城内では三千五百人が守りにつき、攻める薩摩軍は一万三千人。当時の薩摩軍は最新鋭のスナイドル銃を備え、西南戦争の序盤でもあり、兵力や弾薬にもまだ余裕があった。

二月二一日に熊本城下に入った薩摩軍に対し、竹の丸、飯田丸の砲台が砲撃を行うものの、薩摩軍は応じず、小競り合いに終わる。二月二二日午前から総攻撃が始まり、三日間の激戦の末、薩摩軍は一兵も城内に入ることができなかった。三千人の攻囲軍を残し、熊

竹の丸から石垣群と大天守（平成二八［二〇一六］年二月撮影）。何重もの石垣が行く手を阻む

本城の北にあたる、田原坂《たばる》へと兵を進める。三月十九日、陸軍中将・黒田清隆率いる部隊が熊本城を目指し、翌三月二〇日に田原坂は陥落。四月十四日に五二日間もの籠城戦は終わった。

田原坂も視野に入れていた築城名人・加藤清正の深謀遠慮

薩摩軍による熊本城への総攻撃が行われたのは、城下も天守も炎上した直後だ。平成二八（二〇一六）年に発生した熊本地震後に行われた、大天守石垣上面の発掘調査によると、火災で赤く変色した瓦や、火災で表面が剥離した石垣が見つかっており、天守の火災の激しさを物語っている。鎮台軍からすると苦しい状況の中で、薩摩軍は熊本城に四方から砲撃を加える。鎮台軍は、本丸を囲むように配された曲輪群と櫓群で防戦。熊本城の特徴を活かした戦い方で守り切った。追い込まれることで鎮台軍の士気が上がり、薩摩軍が油断したのかもしれない。ただし、熊本城が受けた被害も見逃せない。城内の陸軍病院や飯田丸の武器庫は大打撃を受けている。戦局が田原坂に移り、総攻撃が三日間で終わらなければ、守り切るのは厳しかったはずだ。

西南戦争の激戦地、田原坂は加藤清正が造った軍事拠点でもある。田原坂に薩摩軍は兵を割き、熊本城の攻囲は弱まった。熊本城は北の田原坂、南の城下町、東から南へと流れる白川を整備した防衛ネットワークの中にある。「わしは官軍に負けたのではなく、清正公に負けたのだ」という西郷隆盛の言葉は、熊本城単体ではなく、これらも含めた意味と理解すべきだろう。

【熊本城】 所在地：熊本県熊本市中央区本丸1-1／築城年：慶長十二（一六〇七）年／築城者：加藤清正／主な城主：加藤氏、細川氏

第三章

名城もし戦わば……
その強さを徹底検証

◆安土城

「見せる」だけの城ではなかった天下人・信長の最高傑作の実力は？

織田信長が天正四（一五七六）年に築城した安土城は、日本で初めて高層の天守を備え、ほかに類を見ない絢爛豪華な造りを大きな特徴とする。その一方で、琵琶湖の水運が利用できる利便性など、実用性に優れた城でもあった。また、北陸街道から京へと続く交通の要衝に位置していたことから、信長は政治的な意味合いとともに、実戦を想定して安土城を築城したともいわれている。城のあった安土山は標高百九十九メートル。立派な山城と捉えることができ、信長の頭の中には安土城を拠点とした戦が思い描かれていたのではないだろうか。

安土城は大手門から、石垣造りの大手道が黒金門まで約百八〇メートルも直線的に伸びている。安土城の象徴的な構造である大手道だが、実は、城内という位置付けではないのだ。安土城の本来の城内は、黒金門から北側の搦手方面にある八角平までの間を指している。従って、直線的な大手道が実戦における縄張り上の構造的な弱点という考えは、当て

◆安土城 縄張図

提供：滋賀県教育委員会

【安土城】
◆所在地：滋賀県近江八幡市安土町下豊浦
◆築城年：天正四（一五七六）年
◆築城者：織田信長
◆主な城主：織田氏

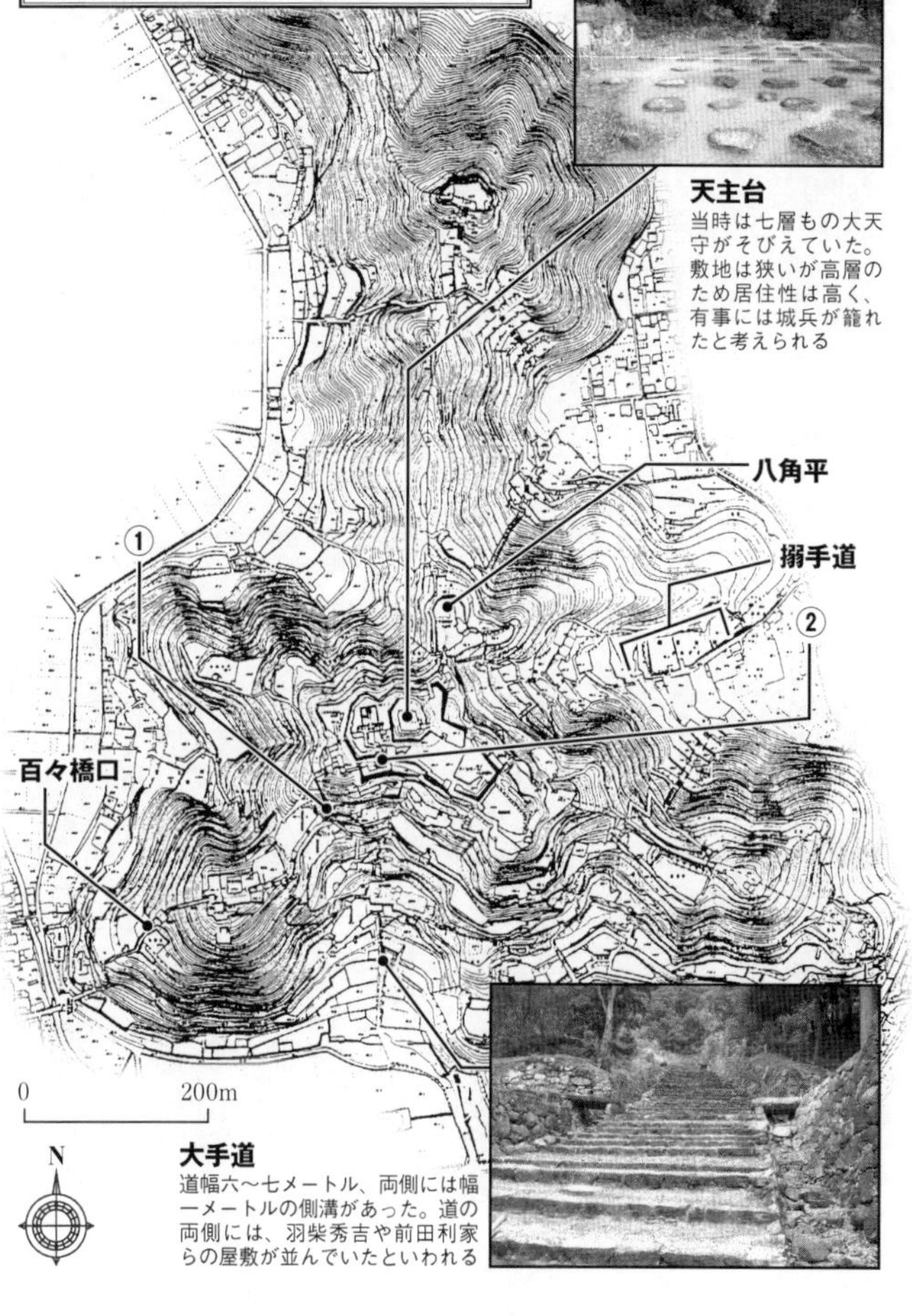

天主台
当時は七層もの大天守がそびえていた。敷地は狭いが高層のため居住性は高く、有事には城兵が籠れたと考えられる
八角平
搦手道
百々橋口
0
200m
N
大手道
道幅六〜七メートル、両側には幅一メートルの側溝があった。道の両側には、羽柴秀吉や前田利家らの屋敷が並んでいたといわれる

はまらない。

では、城内の構造は籠城戦において守備力を発揮できたのだろうか。安土城は山頂の非常に狭い敷地に建てられていた城だが、黒金門をくぐってから本丸御殿や天守に至るまでの間には石垣が組まれていた。攻め手は限定された幅の登城路を進むことしかできない。一方で城兵は石垣の上から、下を通過する敵兵を矢や鉄砲、石で迎撃することができただろう。本丸御殿へつながる道を進む敵兵を、一網打尽にできたのだ。

本丸御殿への入口も狭いため、敵兵がなだれ込むことは難しい。細く連なって侵入を試みる敵兵は、両脇の石垣上で待ち受ける城兵になす術なく撃ち取られたはずである。

背後に琵琶湖を従え攻め口を限定

そして、安土城のもう一つのポイントとして忘れてはならないのが、琵琶湖に面した北東側の搦手道だ。

当時の安土城は、搦手道を降りた地点に、琵琶湖の内湖と直結する舟入が設けられていたといわれている。敵は水軍を持っていたとしても、搦手側を攻め口とするのは限りなく

二重枡形構造の黒金門（縄張図①）　写真：mtaira / stock.adobe.com

伝二ノ丸入口は屈曲部で石垣上から攻撃可（縄張図②）　写真：ogurisu / stock.adobe.com

困難だ。というのも、北側は斜面が比較的急峻であるため、敵兵がよじ登って来るのは至難の業だった。

舟入のある搦手側は信長方にとって、いざというときの脱出経路にもなり、援軍や救援物資の搬入路とすることもできる。籠城する信長方が、湖を経由して敵の背後に回り込む戦術を取ることも可能だっただろう。

琵琶湖に面した搦手や斜面が急な北側からの攻撃が難しいため、必然的に敵兵は南側から攻めることになる。南側には大手口のほか、百々橋《どどばし》口の経路もあるが、いずれも途中で黒金門に行き着く。つまり、籠城側はとにもかくにも黒金門の守りを固めることに集中すれば、仮に相当の兵力差があったとしても、そうやすやすとは攻め込まれる恐れがなくなるのだ。

豪奢なイメージが先行し、堅牢さに欠ける印象の安土城であるが、こうして見てみると実は敷地の狭さを利用し、石垣も多用した守備力の高い城であったことがわかる。さらに琵琶湖という天然の要害も巧みに縄張りに取り入れており、まさに実戦的な城といえるのである。

◆竹田城

雲海に浮かぶ〝天空の高石垣〟は実戦には有効だったのか？

竹田城は標高三五三・七メートルの古城山山頂に築かれた。虎が伏せているような形状から、「虎臥《とらふす》城」とも呼ばれる。播磨《はりま》国・丹波《たんば》国・但馬《たじま》国の交通上の要地に位置し、室町時代に、但馬国守護の山名宗全《そうぜん》が築いたのが始まりと伝わる。山名氏の重臣、太田垣氏が城主を務めるものの、天正八（一五八〇）年に羽柴秀吉によって落城。赤松広秀が城主となり、総石垣造りの城に改修された。ただし、赤松広秀の石高は約二万石。単独で築いたのかは疑問である。領内の生野《いくの》銀山を守るために、秀吉の支援があったと考えられている。

天守台・本丸を中心に、三方に向けて放射状に曲輪を配置しているのが、竹田城の大きな特徴だ。縄張りの規模は東西に約百メートル、南北に約四〇〇メートルで、「完存する石垣遺構」としては全国屈指の規模である。本丸の北方には二の丸と三の丸、北千畳を配置。南方には南二の丸と南千畳を配し、さらに、天守の北西部には、「花屋敷」と呼ばれる曲輪を築いている。全体として、名工集団・穴太衆《あのうしゅう》が手がけた堅牢な石垣や、二〇カ所以上も設置された横矢掛けなど、様々な防御の工夫がなされている。

慶長五（一六〇〇）年、関ヶ原の戦いで赤松広秀は西軍に味方するが、西軍の敗戦を知り、竹田城に撤退。東軍として鳥取城を攻めていた亀井茲矩《これのり》から来援要請を受け出陣し、功を挙げたとされる。しかし、鳥取城攻めの際に城下町を放火した、との罪で自刃。竹田城も廃城。実戦の舞台にならなかった竹田城だが、強さはいかほどだったのだろうか。

本丸の北側に配された北千畳から、東に張り出す見付け櫓跡の高石垣は七メートルを超え、竹田城内でも屈指の高さである。登城道に高石垣が突然現れ、攻める側に大きな威圧感を与えた。大手口には城内で最大規模の桝形虎口が設けられ、三方向からの攻撃を可能にした。北千畳を囲む石垣には、城の外に向かって石垣が突き出している部分がある。敵を側面から攻撃し、敵が石垣に沿って移動するのを防ぐ「横矢」の仕掛けである。進路を変えるたびに横から攻撃を受けることになり、竹田城内の各所に設けられている。

北千畳の標高は約三三〇メートル。ほぼ同じ高さに南千畳と花屋敷が築かれ、三つの曲輪によって本丸を三方向から囲む構造となっている。本丸の標高は三五一メートルであり、標高差は約二〇メートル。この高低差を活かし、平面構成だけではなく立面構成にも高度な計算がなされている。

本丸の三方向を守る曲輪群の威力

北千畳から三の丸への入り口も枡形虎口になっている。段差が約五十センチもある急な石段を内部に設け、敵の動きを鈍らせる役割があった。食い違い虎口や櫓台によって守られた通路を経て、二の丸、本丸へと達する。二の丸から本丸へは、野面積みが階段状に高くなっていく。本丸のほぼ真ん中には、高さ約十メートルの天守台がある。約十一メートル×約十三メートルの大きさであるが、天守についての記録は残っていないため、どのような建物が存在し

竹田城と峰続きの観音寺山にある石切場

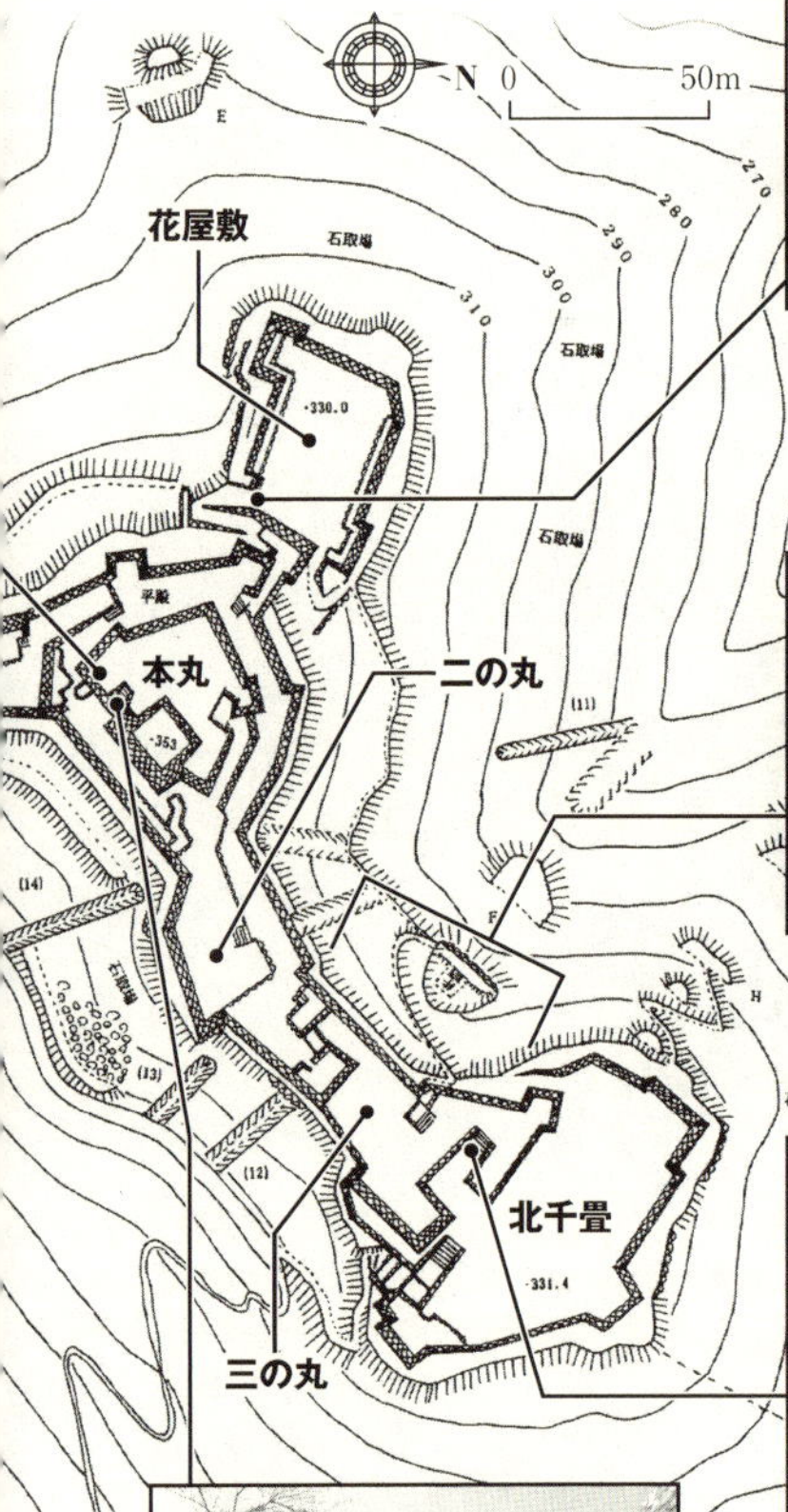

搦手に配された花屋敷から本丸を望む。城内の各所には、見事な野面積みの石垣が築かれている

本丸から北千畳方面に連なる石垣群。横矢を掛けるために隅部が突出している箇所が見られる

大手門

北千畳から三の丸へとつながる入口。表玄関にふさわしい大規模な枡形虎口を構える

天守台南側の本丸に登る石段は、敵の侵入に備えて途中から幅が狭まっている。天守台には階段が存在しない

◆竹田城 縄張図

作図：西尾孝昌

本丸から見下ろした南千畳。石垣で区分され、横矢が掛けられた曲輪の姿がはっきりとわかる

南千畳から望む本丸方面。最高所に設けられた天守台は、本丸の東側に張り出すように造られている

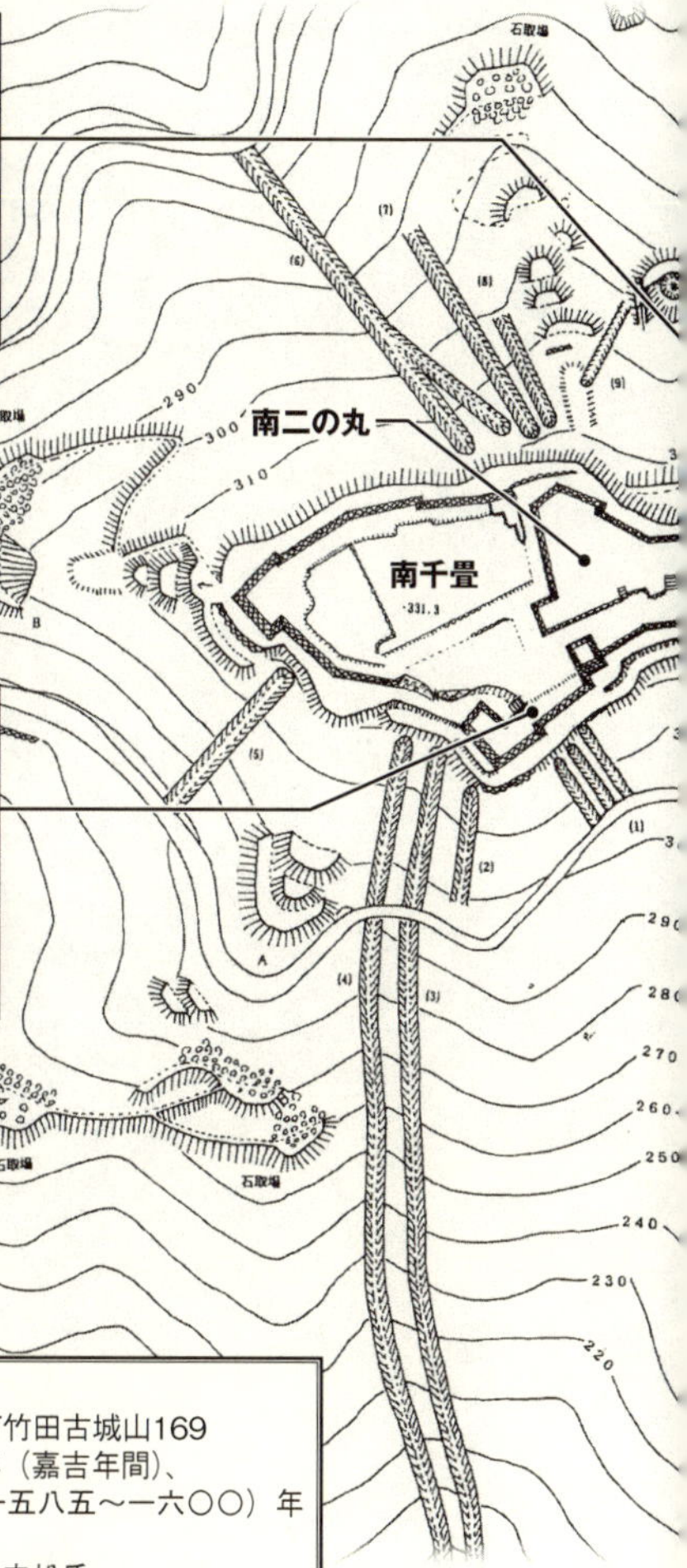

【竹田城】
◆所在地：兵庫県朝来市和田山町竹田古城山169
◆築城年：一四四一～一四四四年（嘉吉年間）、
天正十三～慶長五（一五八五～一六〇〇）年
◆築城者：山名宗全？
◆主な城主：太田垣氏、桑山氏、赤松氏

ていたのかは今となっては知る由もない。天守台には直接上がる階段がないため、付櫓があったとみられる。

本丸の北西には花屋敷が配される。風情ただよう名前とは異なり、全国的に珍しい鉄砲狭間を備えた石塁や、大型の櫓台などで防御され、戦闘に特化した構造だ。尾根伝いに丘陵とつながるため、城の搦手を守っていたと考えられている。本丸からは食い違い虎口と、南二の丸を経て南千畳に達する。南千畳の出入り口には、北千畳と同様に桝形虎口を築き、隙のない造りだ。

今でこそ「天空の城」として人気の竹田城。晩秋から冬にかけて雲海から石垣が浮かぶ神秘的な姿を見せる。山上に城が築かれ、三六〇度に視界が広がっているからこそ見られる光景だ。

攻める側からすると、どこから攻めたとしても姿を隠せず、山上からの攻撃を受けるしかなかった。そして何とか登り切ったところに、総石垣の曲輪群が要塞のように立ちはだかるのだ。雲海が出れば視界が狭まり、なおさら大きな脅威となったに違いない。名工集団、穴太衆による石垣群や、徹底した横矢掛けも合わせて考えると、「天空の城」こそ、きわめて実践的な城だったといえるだろう。

◆杉山城

斜面の切り&盛りで高低差を創出「攻めながら守る」土の城の究極型

杉山城は、戦国時代に関東地方で勢力を誇った山内上杉氏が、同族の扇谷《おうぎがやつ》上杉氏との抗争に備えて築いた城だとされている。土を掘り、盛って造られた城であり、高く盛られた土塁や深く切り込んだ空堀が技巧的に配置され、城内の各曲輪を守るとともに、効果的に迎撃できる造り。各曲輪と空堀は複雑に入り組み、攻めて来た敵兵を混乱させる機能も有していた。少人数で立て籠っても、多数の軍勢に太刀打ちできる「攻防一体の城」といえるだろう。

大手口から攻めるとなると、いきなり二重堀のような構造が待ち構える。堀の間に土壇が入っていることで二重になっているのだが、この土壇を乗り越える間に上部の曲輪から迎撃され、侵入を阻まれることになる。虎口もあり直進はできない造りで、侵入者を土塁上から迎え撃つことが可能だ。

その先に進むと南三の郭に達する。その先端部には馬出があり、曲輪と馬出の間は深さ五メートル、幅六メートルほどある堀になっている。馬出と曲輪は木橋でつながれていたと考えられるが、戦では木橋を落として侵入を防ぐ想定だったのだろう。堀は深さ、幅とも甲冑をつけた兵が容易によじ登るのは難しい規模。馬出やその先にある曲輪から城兵が敵を矢などで攻撃することはたやすい。

馬出から続く曲輪は細い土橋でつながっているのみ。敵兵は一列でしか進むことができず、敵軍の勢いを削ぐのに役立つ。土橋の両脇は深く切り立った堀になっている。ここでもやはり、落ちてしまえば、城兵の猛攻を受けながら、登って来ることは難しいのは明らかだ。

土橋を渡り切った先には曲輪が二つ続いているのだが、両曲輪の間には高さ二メートルほどの土塁が盛られ、進撃できるルートは狭い通路が一つあるのみだ。後方の曲輪内から土塁を防御壁としながら、狭い通路へ押し寄せる敵に集中砲火を浴びせれば、食い止められる。

さらに、曲輪を突破されても、曲輪と本丸との間には高さ七メートルはあろうかという急斜面がそびえ立つ。土を切り盛りして築かれた斜面は登るには急過ぎる上、上から石を落としたり、矢を射たりと、多彩な迎撃方法が考えられる。やはり、曲輪と本丸の間は木

南郭の切岸と屏風折。敵の直進を防ぐとともに守備側が多角的に攻撃できる（縄張図①）

橋でつながっていたと考えられるが、橋を落とせば敵が本丸に突っ込んで来る術は断たれることになる。

背後からの敵にも備え万全 深い堀が行く手を阻む

杉山城は東側にも入口があり、攻め手はこちらからも攻撃することはできる。だが、入口から本丸までの間には二つの曲輪が配置されており、曲輪と曲輪の間は深い堀と急斜面に守られている。いずれも、通路は狭い土橋だ。敵兵は土橋に押し寄せることになるが、大手口からの攻撃同様、一列でしか攻め入れないため、大軍でもその利を活かすことができ

外郭にも折の形状が見られ、攻防一体の造りが取り入れられていた（縄張図②）

きない造りだ。土塁の上から次々と矢で攻撃され、退却せざるを得なかったはずだ。

北側にある搦手側も攻め口となり得たが、急傾斜に削られた山の斜面は攻め上がることが不可能だろう。そのため、搦手口からの正面突破しかない。

本丸の前には二つの曲輪が連なり、曲輪同士は食い違い虎口でつながっている。やはり、虎口を形成する土塁は攻防いずれにも効果を発揮する。

その背後にある本丸周りの土塁も高さ二メートル程度あり、さらに六〜七メートルの堀があるため、落差は約十メートル。下から見上げる攻め手にとっては圧倒的な威圧感を与えたに違いない。

◆杉山城 郭配置図

提供：嵐山町

【杉山城】
◆所在地：埼玉県嵐山町杉山
◆築城年：十五世紀末〜十六世紀初頭
◆築城者：山内上杉氏？
◆主な城主：不明

搦手口
東郭
尾根伝いに比較的広さのある曲輪が連なっている。外周部には土塁の痕跡も残る
北三の郭
北二の郭
東二の郭
東三の郭
本郭
南二の郭
②
井戸跡
井戸郭
外郭
出郭
大手口
南三の郭
土橋
山の土を切り盛りして造り出した
①
馬出郭
N
0
50m

◆小幡城

あえて肉を切らせて骨を断つ 城内侵入が最も危険な土の城

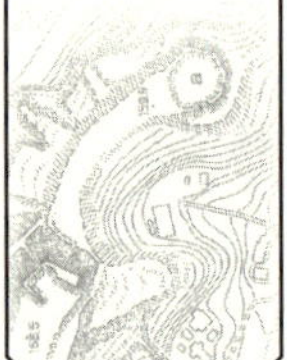

全国に数多くある土造りの城の中でも、小幡《おばた》城（茨城県茨城町）はかなり特異な構造といってよいだろう。通常、土の城は「山城」と呼ばれるように、標高差によって守備側に有利にはたらく山に築かれている。基本的に、ピーク付近に主曲輪があり、その下に各曲輪や防御のための様々な仕掛けが施されている。つまり、麓から攻める敵は、それらの防衛ラインを突破しながら、徐々に山を登ってゆくことになる。

一方で、小幡城の場合は、三方を湿地に囲まれた台地に、大小の各曲輪が配置されている。周辺との比高はわずか二〇メートルほどしかなく、城内に足を踏み入れても、いわゆる「登りながら攻略してゆく」感覚はまったくない。

ただし、小幡城はほかの土の城とはまったく異なる発想で、高低差を活用している。全体としては、平坦ともいえる台地。そう聞くと、攻めやすそうに思えてしまうが、縄張図を見てもらえればわかる通り、城内に攻め込んだ敵は、縦横に張り巡らされた通路を進む

真正面が本丸。土塁上から雨あられの攻撃に否応なくさらされる（縄張図①）

本丸内部から見た土塁。敵から身を隠しながらの横移動も容易だ（縄張図②）

ことになるのだが、その幅は狭く、せいぜい二～三人が並べるほどしかない。そして両脇には、常に数メートルもの「土の壁」がそびえ立っているのだ。視界を遮られた幅の狭い通路の形状は、城内全体、いたるところに及んでいる。

「土の壁」の向こう側に回って見ると、どこもかなりの広さを持つ曲輪になっている。相当数の兵士が駐屯できただろう。四方にぐるりと巡らせた土塁に守られ、内部の動きは通路側からはまったく見えない。この土塁は城内の動きを悟られないための目隠しになっているとともに、通路との高低差を増す効果もある。頭上からの監視、攻撃によって得られるメリットははかりしれない。

高低差と屈曲による城内最大の防御ポイント

改めて縄張図を見てみると、西側に大手門がある。北・東・南側は、現在も寛政川《かんせい》とその支流が流れており、周辺は湿地でこちらから城に近づくのは難しかったのは、容易に想像できる。少なくとも、大人数の部隊で近づくのは難しかっただろう。

となると、大手門側から攻め込むのがセオリーだが、七の郭から先は北側に回り込むよ

繰り返し横矢が掛かる堀底道。背後も気にせざるを得なかったはず（縄張図③）

うな構造になっている。そして、六の郭と二の郭の間から侵入し、本丸を目指すことになるのだが、そうすると、ちょうど丁字路状に本丸と相対するポイント（縄張図①）がある。その少し手前がまた、L字に折れており、曲がり角を曲がった直後、真正面に巨壁のように盛り上がった土塁上からの攻撃にさらされるのだ。

まさか、この巨壁を猛攻の中、よじ登るわけにもいかない。通路をたどって本丸まで達するためには、左右いずれかの道を、真反対の南側まで回り込むしかない。身動きのとれない堀底道を、頭上からの雨あられの攻撃にさらされながら――。

比高はそれほどないが、広がりのある台地。

横矢部分を本丸土塁上から狙い撃つには最適だ（縄張図④）

そして、敵の侵入路はほぼ一方向に限られている。そのような地形的制約を前提として築城者が選んだのが、ほかに類を見ないオリジナリティあふれる構造だった。本丸に至るまでの導線をできるだけ長くし、迷路のような先が見えない堀底道をひたすら進ませる。その間、守備側は数メートルの高低差を活かして、あらゆる場所で敵を叩くことが可能だ。

攻め手は当然ながら、城内に突入するまで、事前に内部のそんな構造など知るよしもない。攻め手にとっては、前後左右の頭上を常に気にしなければならず、何度も折れ曲がり、その先が見えない。心理的圧迫感も相当のものだったただろう。

◆小幡城 縄張図

※現地看板を元に作成

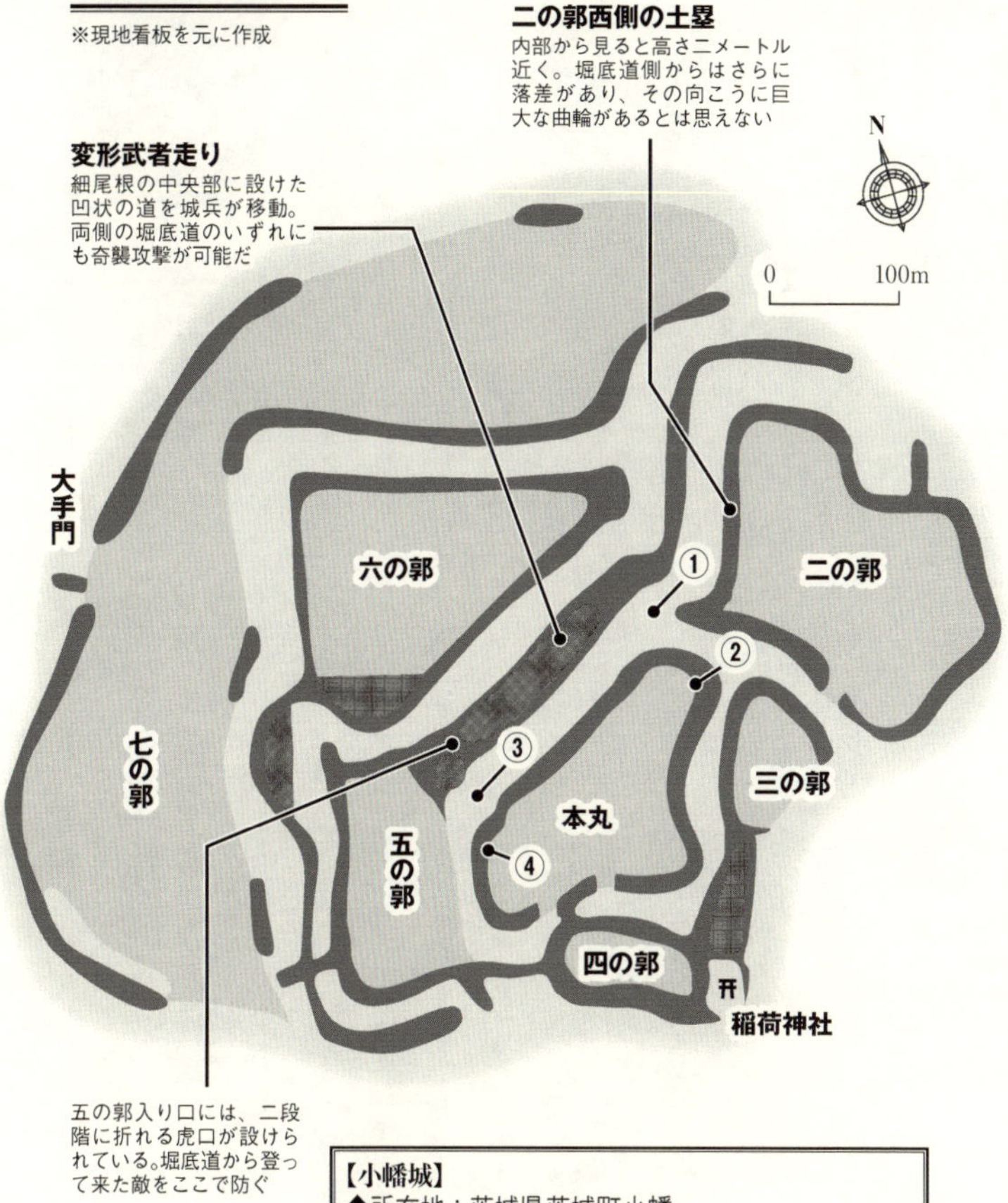
二の郭西側の土塁
内部から見ると高さ二メートル近く。堀底道側からはさらに落差があり、その向こうに巨大な曲輪があるとは思えない
変形武者走り
細尾根の中央部に設けた凹状の道を城兵が移動。両側の堀底道のいずれにも奇襲攻撃が可能だ
N
0
100m
大手門
六の郭
二の郭
①
②
③
④
七の郭
五の郭
本丸
三の郭
四の郭
稲荷神社
五の郭入り口には、二段階に折れる虎口が設けられている。堀底道から登って来た敵をここで防ぐ

【小幡城】
◆所在地：茨城県茨城町小幡
◆築城年：承久二（一二二〇）年頃
　　　　　または応永二十四（一四一七）年頃
◆築城者：小田光重
　　　　　または大掾義幹（だいじょうよしもと）
◆主な城主：大掾氏、江戸氏、佐竹氏

◆岩殿城

忍者でもよじ登るのは不可能！百五〇メートルの断崖はまさに鉄壁

岩殿城がある岩殿山は標高が六三四メートルあり、桂川と葛野《くずの》川の合流地点の西側に位置している。南側は岩盤が露出した約百五十メートルもの高さの断崖で、城はこの断崖の上に築かれていた。南側の断崖だけでなく、周囲の大半が切り立った独立峰で、敵は攻め入る術が限られていた。岩殿城を居城としたのは甲斐の国衆で武田家家臣であった小山田氏。戦国時代屈指の堅城として知られていた。

岩殿城の攻城はまず大手側から挑むことになるだろう。しかし、城の入口となる揚《あ》げ城《き》戸《ど》に至るまでには傾斜が急な上、つづら折りの細い道を登って行かねばならないため、攻める兵は相当な体力を消耗することになる。

揚げ城戸まで到達しても、両脇に巨石を従えた門を縄で引っ張り上げる仕組みだったため、塞がれたら開けるのは一苦労。櫓のような設備はなかったと考えられるが、城内への侵入を阻止する防御力は高かった。

◆岩殿城 周辺地図

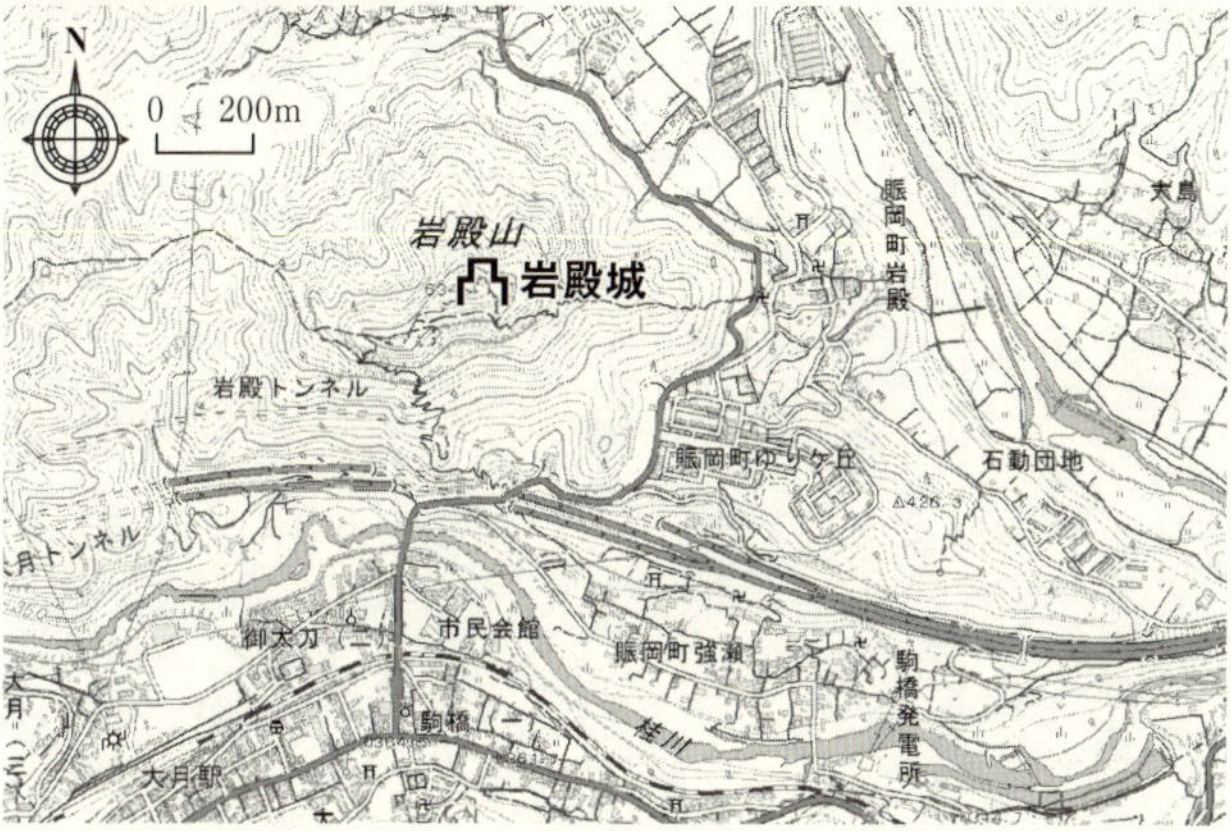

揚げ城戸と番所の奥は尾根伝いに三の丸、馬場、二の丸と続き、山頂の本丸に至っている。番所以降の本丸までに高い防御性はなかったため、門の外でいかに敵を食い止めるかが岩殿城防衛の鍵だった。

では、岩殿山のシンボルともいえる南側岩盤をよじ登ることは可能なのだろうか。岩盤はほぼ垂直に切り立っている。たとえ忍者であっても、下から登るのは絶対に困難とみられる。ましてや、甲冑をつけた武士が登る術はない。岩殿城がいかに天然の要害かは、実際に見れば誰もが納得するはずだ。

逆に、切り立った断崖は籠城側の迎撃力を制限するデメリットもあったと考えられる。断崖を伝って山を降り、城を取り囲む敵の背後に回り込む奇襲作戦を実行することは不可能。断崖は防御力こそ優れているが、城兵が反撃に転じるには不向きともいえるのだ。

南東部の山道に兵力は一点集中できる

岩殿城には、大手側とは別に断崖の脇に当たる山の南東側からも城へ登る道があった。この道も傾斜がきつく曲がりくねった悪路ではあったが、大手側のように揚げ城戸が設置されていたわけではないため、登り切ってしまえば馬場に至ることができた。ただ、道は非常に細いため、敵兵が波状攻撃を仕掛けることは難しく、ほぼ一列縦隊で迫って来ることになる。籠城側は大手の揚げ城戸を塞いだ上で、馬場へと通じるこの道の防衛に兵力を集中させることが、防衛の最重要ポイントとなる。

また、岩殿城は東側からの攻撃にも備えが施されていた。こちら側を衝かれると本丸に直通してしまうのだ。道こそないものの山を分け登り、虚を衝いて攻撃する可能性はないとはいえない。そのため、二本の深い堀切で侵入経路を断っていたのだ。

◆岩殿城 縄張図

提供：大月市教育委員会

【岩殿城】
◆所在地：山梨県大月市賑岡町畑倉
◆築城年：不明
◆築城者：小山田氏
◆主な城主：小山田氏

揚げ城戸をくぐった先には番所がある。番所からは門の外にいる敵を狙撃できたとも考えられる

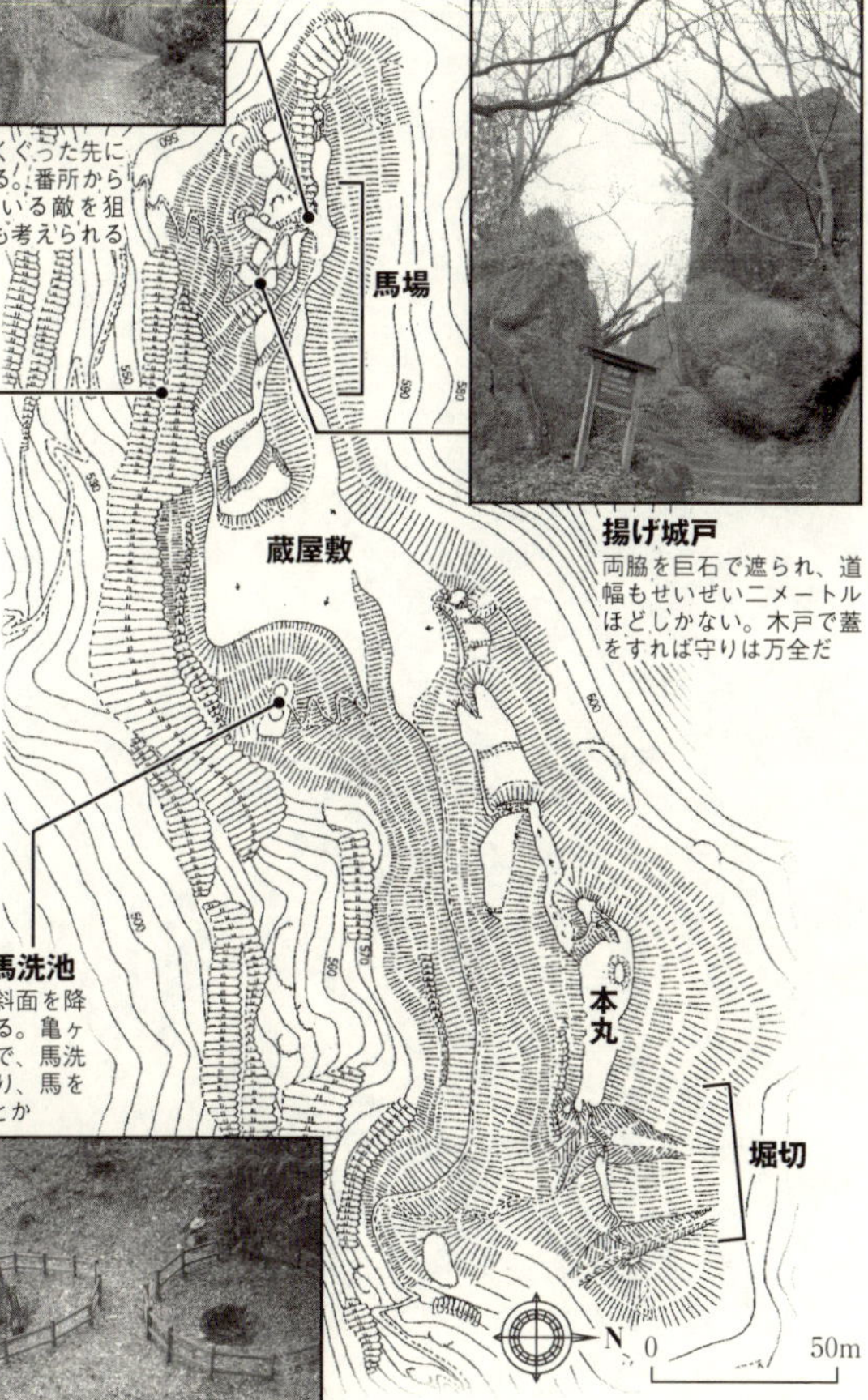

揚げ城戸
両脇を巨石で遮られ、道幅もせいぜい二メートルほどしかない。木戸で蓋をすれば守りは万全だ

亀ヶ池・馬洗池
馬場から急斜面を降りた先にある。亀ヶ池は飲料用で、馬洗池は文字通り、馬を洗っていたとか

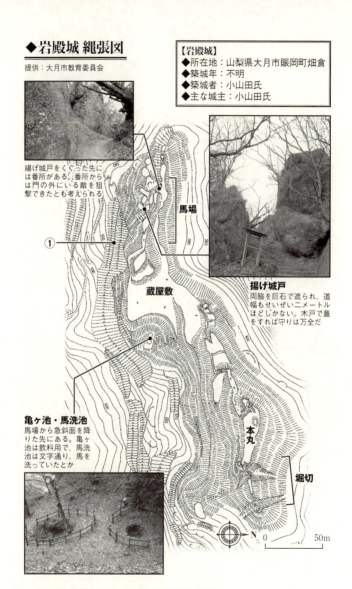

一枚岩の岩盤は角度もさることながら凹凸が少なく登攀不可能に近い（縄張図①）

◆観音寺城

最新技術の石垣群を駆使した巨城で織田vs六角決戦が行われていたら？

近江国守護・六角氏が戦国時代に居城としたのが観音寺城。標高約四三二メートルの繖《きぬがさ》山山頂から南山麓にかけて曲輪が広がる大城郭で、千以上もの曲輪群が展開され、城主や家臣たちが屋敷を構えていた。元々は、聖徳太子が創建したと寺伝のある観音正寺の境内地にあたり、南北朝時代に佐々木氏頼が観音寺に布陣したことが『太平記』に記されているが、六角氏の居住する城として整備されたのは十六世紀前半である。石垣を多用し、曲輪の大部分が石塁や高石垣で囲まれている。織田信長の安土城よりも約二十年前に、城郭へ石垣を本格的に導入したことになるのだ。

繖山山頂から南西に伸びる尾根筋上には、尾根の先端から北に向かって伝池田丸（池田氏屋敷跡）、伝平井丸（平井氏屋敷跡）、伝本丸と大きな曲輪が並ぶ。これらの曲輪は観音寺城内でも特に面積が大きく、かつ平面形に近く、石塁が曲輪を囲んでいるため、中枢部分であったとされている。特に、伝本丸は江戸時代の古絵図に「本城」と記されている。

しかし、伝本丸よりも高い地点にも曲輪が存在し、さらに曲輪の分布する範囲の西端であるため、城の中枢だったのかは疑問が残る。伝平井丸、伝池田丸は、六角氏の被官であった平井氏、池田氏の屋敷跡であり、周囲を石塁で囲み、虎口を備えている。

観音寺城は全体として、虎口は簡易な平虎口が基本だが、伝本丸の北から桑實寺《くわのみ》に向かう位置の裏虎口は、食い違い虎口となっている。ただし、あとから改修された可能性も指摘されている。伝本丸の正面へと続く大手道は、直線的な道が石段によって造成されており、守護の権威を象徴していると考えられる。伝池田丸から下がった曲輪には「大石垣」と呼ばれる高石垣があり、城内でも有数の見事な石垣である。

また、観音寺城は六角氏の風雅な生活の場でもあった。天文十三（一五四四）年に城を訪れた連歌師・谷宗牧《たにそうぼく》は、「山上の城の御二階の座敷に案内され、数寄の茶室に茶器の名品が用意され、城の退出にあたっては秘蔵の古筆を贈られた」と残している。

最新技術を集結させた観音寺城であるが、永禄十一（一五六八）年、織田信長の攻撃によって六角承禎《じょうてい》・義治《よしはる》親子は逃亡し、あっけなく開城。天正七（一五七九）年に安土城が完成したことで、観音寺城は歴史的役割を終えた。ちなみに、安土城は観音寺城のある繖山から派生した尾根に建てられており、観音寺城のスケールの大きさがよくわかる。

伝池田丸から二段下がった曲輪には、高さ十メートル超の大石垣が築かれている（縄張図①）

伝池田丸の曲輪周囲に残されている石垣。周囲をしっかり取り巻いている（縄張図②）

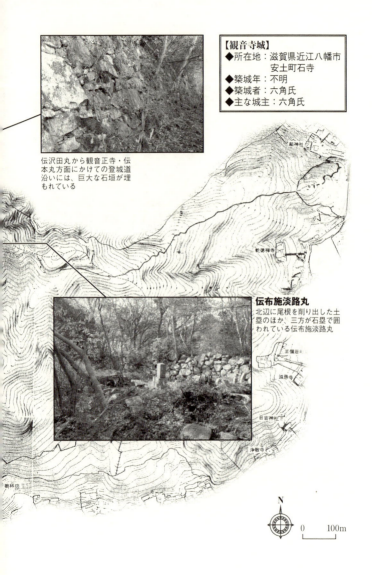

【観音寺城】
◆所在地：滋賀県近江八幡市
安土町石寺
◆築城年：不明
◆築城者：六角氏
◆主な城主：六角氏

伝沢田丸から観音正寺・伝本丸方面にかけての登城道沿いには、巨大な石垣が埋もれている

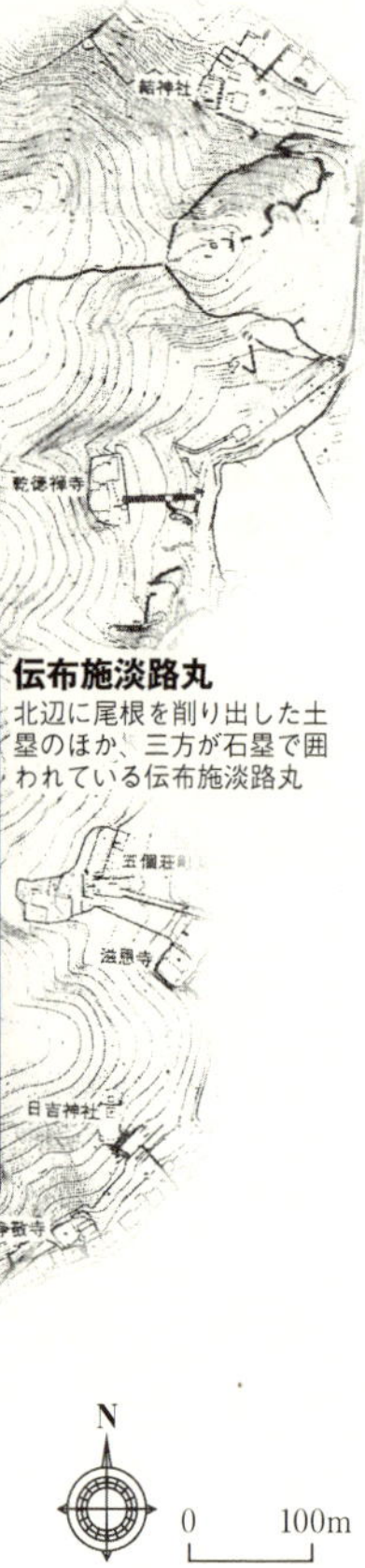

伝布施淡路丸
北辺に尾根を削り出した土塁のほか、三方が石塁で囲われている伝布施淡路丸

◆観音寺城 縄張図

提供：滋賀県教育委員会

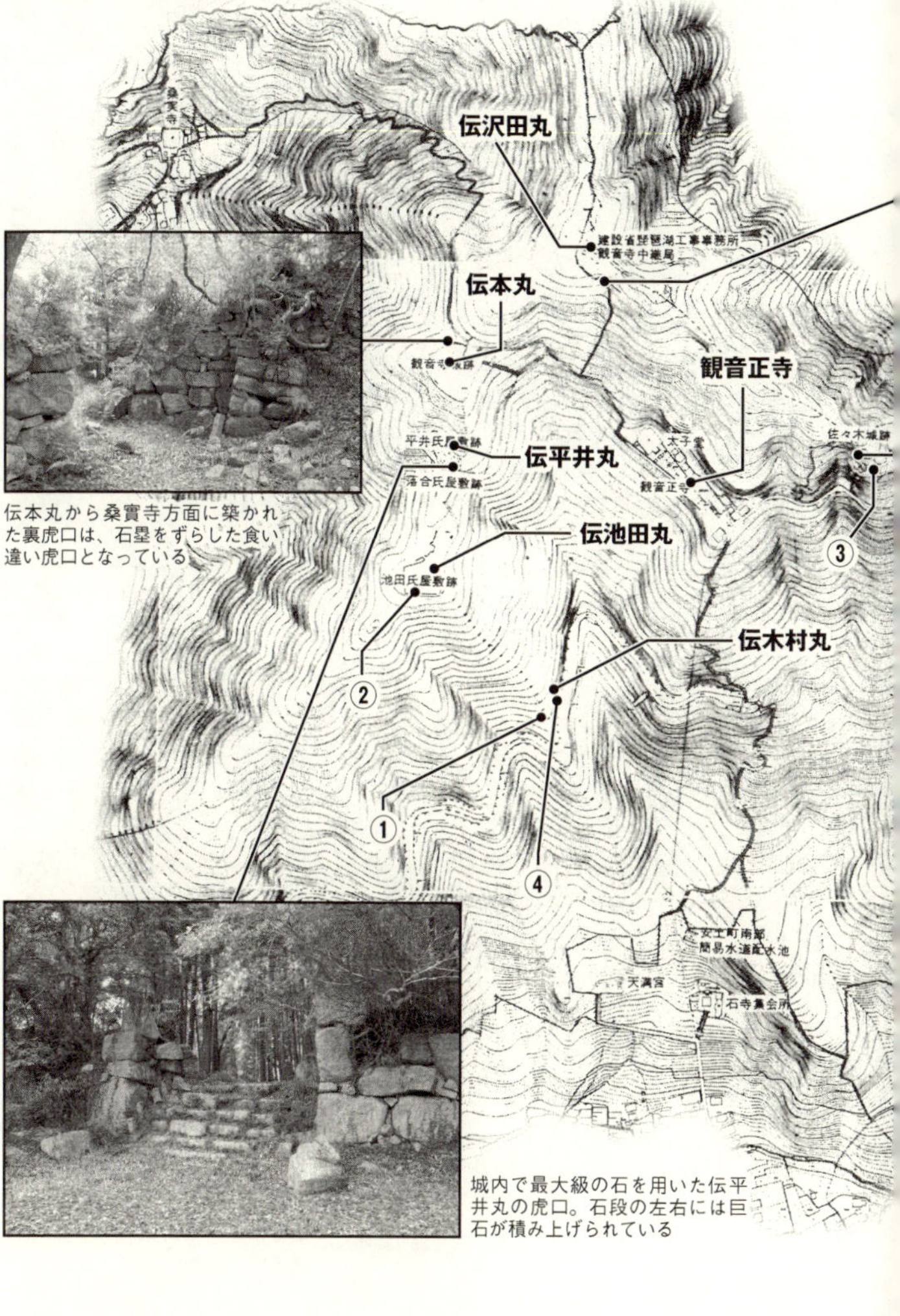

伝本丸から桑實寺方面に築かれた裏虎口は、石塁をずらした食い違い虎口となっている

城内で最大級の石を用いた伝平井丸の虎口。石段の左右には巨石が積み上げられている

石垣で高さを増した伝布施淡路丸の東側斜面。下から見るとその落差が実感できる（縄張図③）

六角氏が敵前逃亡せずあの巨城で戦っていたら？

永禄十一（一五六八）年の「観音寺城の戦い」を詳しくみたい。織田信長は足利義昭を奉じ上洛を目指し、徳川家康や浅井長政の援軍を率いて近江国に侵攻。六角氏は観音寺城を中心に十八の支城で迎え撃った。織田軍の本隊は、観音寺城の南東に隣接する箕作《みつくり》城へと一気に兵を進める。織田軍は苦戦するものの、夜襲によって短時間で攻略。箕作城落城に続き、観音寺城の北東に隣接する和田山城も落城した。勢いのままに、織田軍は観音寺城に攻め込む予定だった。

箕作城から攻める場合、観音寺城の東面が

要所となり、伝布施淡路丸と伝目賀田丸《めがた》が守りを固めている。西側の中枢部分に達するまでは、多数の曲輪を攻略しなければならない。このとき、箕作城の攻城戦で千五百名もの損害を出した直後の織田軍は疲弊していた。籠城戦に時間をかければ、残された六角氏の支城や、畿内の反織田勢力の援軍も期待できたはずだ。

トンネル状に穴が空いた伝木村丸の埋門（縄張図④）

にも関わらず、六角氏は決戦直前で逃げてしまった。理由として、六角氏の求心力の弱さが挙げられる。六角氏が在地領主たちと強力な主従関係を結べなかったためである。本丸の位置すらはっきりせず、千を超える曲輪が山の至るところに造られた、観音寺城の姿が、それを物語っているともいえる。

◆高松城

日本初といわれる本格的海城 海からの攻撃は想定外だった!?

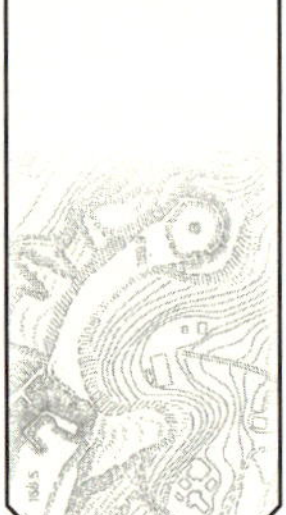

香川県高松市にある高松城は、全国を代表する海城である。城壁が瀬戸内海に面し、海水を引き込んだ外堀、中堀、内堀で守られていた。水軍の運用を前提とした設計で、城内に直接軍船が出入りできる造りであった。

城内の構造もシンプルだが特徴的だ。本丸と外部との連絡路は長さ約三〇メートルの木橋のみ。有事の際は、この橋を落とすことで外部からの侵入を防ぐことができた。木橋を落とすと籠城側も本丸が孤立することになるが、船を使うことで堀を通じて海上への脱出も可能になっていた。

高松城は、豊臣秀吉が四国を制圧した後、讃岐国の領主となった生駒親正が築いた城である。従って高松城は、讃岐国はもちろん、四国を監視する付城あるいは陣城といった意味合いが強い。城の正面も、海側ではなく内陸側を向いている。四国を監視する城であるため、基本的に背後の海側から攻められるという発想ではなく、敵は基本的に陸側から攻

三重三層の月見櫓は石落としを設置。脇の水手御門と海に面して立つ（縄張図①）提供：高松市

天守台には四国最大規模の天守があり、石落としも裾にあったという（縄張図②）提供：高松市

めて来るという想定だったのだ。

そうなると、海城側は守備というよりも城兵をサポートすることに力を発揮すると見た方がよいだろう。海から城内へのアプローチのし易さは、兵の補充や食糧などの物資運搬において大いに役立つと考えられる。本丸と海は堀によってつながっていたので、一旦海路を利用することで、迂回して敵の背後を衝く戦法も取ることができる。

陸戦を想定した実戦的な防御施設が随所に

それでは、陸側から敵が攻めて来た場合、高松城はどのように対処することになるのだろうか。

正面に当たる大手には、実戦を想定した工夫が凝らされている。大手門は切込接による石垣を用いた枡形虎口で、攻め手の侵入を簡単には許さない。中堀に架かる橋は斜めに架かった筋違橋となっており、直線的に攻め入られるのを防いでいる。縄張図を見ると比較的シンプルだが敵の正面突破を食い止めるための構造物が、要所要所に取り入れられているのである。

◆高松城 縄張図

【高松城】
◆所在地：香川県高松市玉藻町2-1
◆築城年：天正十八（一五九〇）年
◆築城者：生駒親正
◆主な城主：生駒氏、松平氏

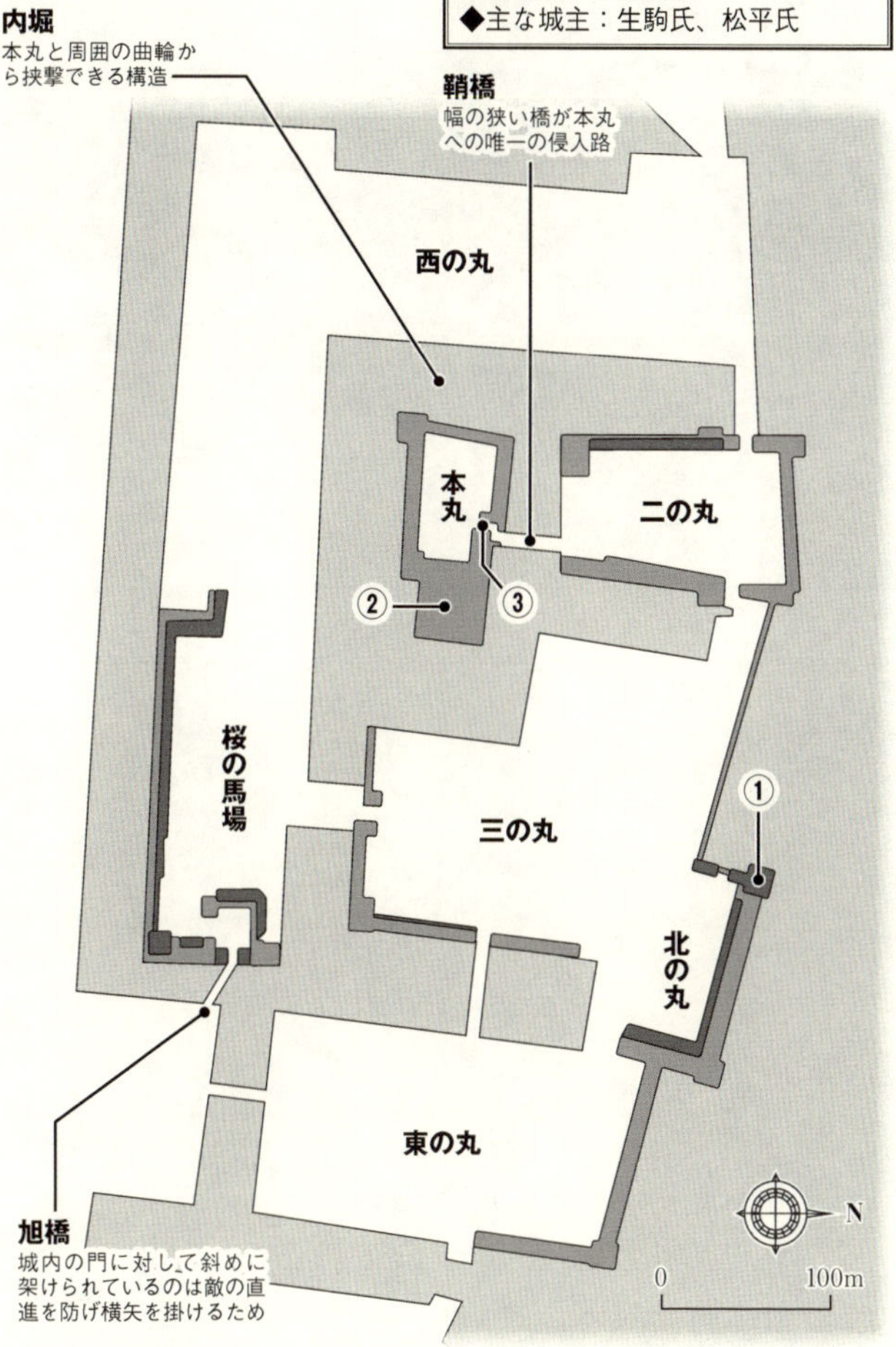
内堀
本丸と周囲の曲輪から挟撃できる構造
鞘橋
幅の狭い橋が本丸への唯一の侵入路
西の丸
本丸
二の丸
②
③
桜の馬場
①
三の丸
北の丸
東の丸
N
0
100m
旭橋
城内の門に対して斜めに架けられているのは敵の直進を防げ横矢を掛けるため

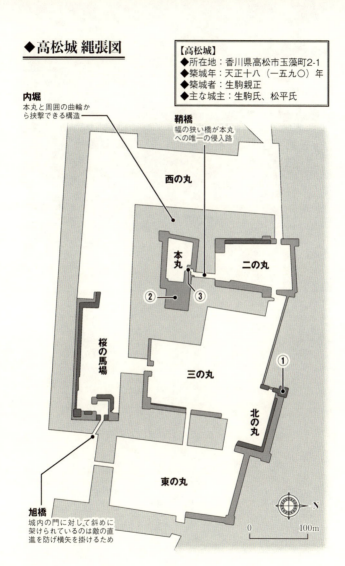

本丸入口を守る桝形虎口。右奥は天守台（縄張図③）　写真：mTaira / shutterstock.com

仮に城内に深く攻め込まれても、高松城の中央に位置する本丸の防御力は高かったと見てよさそうだ。木橋の全長が三〇メートルあることから、橋が架かる堀自体の幅も同程度はあったと考えられる。

高松城が築城された戦国時代当時の鉄砲や矢は、飛距離・命中精度とも決して優れてはいなかった。それを考慮すると、三〇メートルの幅があれば、敵の攻撃力を大幅に削ぐことができたはずだ。当然、泳いで渡ろうとしても狙い撃ちされるだけだ。そして木橋は落とさずとも、幅が限られているため、渡れる人数が制限されてしまう。一度に大挙して本丸に押し寄せることは困難だったのは、想像に難くない。

◆丸亀城

日本一の高石垣だけではない!!
搦手も城内も含めた万全の防御

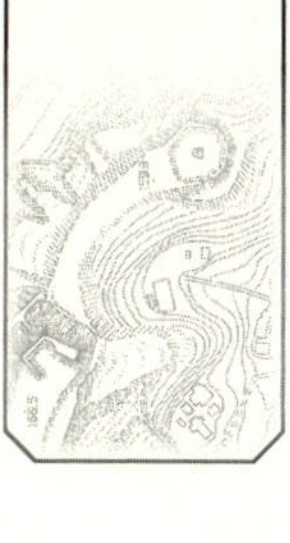

丸亀城は標高六六メートルの亀山を利用した平山城。慶長二（一五九七）年から五年がかりで、生駒親正《いこまちかまさ》・一正親子が築いた。平地から本丸まで、四段の高石垣によって山全体を取り囲む姿は圧巻だ。上部ほど次第に勾配が急になる「扇の勾配」は、防御性を高め美しさを引き立てる。元和元（一六一五）年の一国一城令により廃されたものの、生駒氏の後に城主となった山崎家治が寛永十八（一六四一）年に再建。現在残る丸亀城の遺構は、山崎時代のものが中心だ。

縄張りには輪郭《りんかく》式と梯郭《ていかく》式を組み合わせた渦郭《かかく》式を採用し、大手門から見返り坂、三の丸、二の丸を経て本丸へと、山上をぐるぐると回りながらの導線となる。大手門は内堀に近い順に、大手二の門と大手一の門によって構成され、南北十間（約十八メートル）、東西十一間（約二〇メートル）の枡形。大手二の門の左右に続く塀は「狭間塀《さまべい》」と呼ばれ、珍しい開閉式の扉を備えた狭間がずらりと並ぶ。

大手一の門をくぐると、斜度約十度の勾配をもつ「見返り坂」にさしかかる。登るにつれて、三の丸の高さ約二二メートルの高石垣が姿を表す。威圧感のある百五十メートルもの坂道を登ると視界が遮られ、右手側に折れると一層急な勾配が突如現れ、士気をくじいてしまう。二の丸には番頭櫓、辰巳櫓、五番櫓、長崎櫓が配され、各櫓は地面より一段高くなった渡櫓によって連結。三の丸に睨みをきかせるだけでなく、二の丸全体を取り囲むのだ。おまけに、頭上からは本丸に配された櫓群からの援護射撃だ。

瓦葺き門があった本丸大手門をくぐると、本丸へ。高さ約十五メートル、東西六間（約十・九メートル）、南北五間（約九・一メートル）、三層三階の天守を中心に、二層規模の塩櫓、宗門櫓、多聞櫓、姫櫓が建ち、二の丸と同様に渡櫓で結ばれていた。二の丸に引き続き、本丸でもまた、渡櫓でつながった櫓群から集中攻撃が行える構造になっている。

天守の備えにも抜かりはない。各層は板張りで、堅固な柱と階段によって連絡される。隅柱は左右に添柱を建て、燧梁《ひうちばり》という重量を支えるための木組みを柱頭にかけた強固な造り。壁面は長押の高さまで厚く漆喰を塗り、防御力を高めている。同様の工夫が大手門にも見られ、「太鼓壁」と呼ばれる。足元には、打ち抜いて用いる大砲狭間を設け、非常時への備えも万全だ。また、内部は各階に柱を建て、各階が下から順に狭まる逓減率を大き

高石垣が築かれた二の丸搦手。天守に備えられた石落としが援護する（縄張図①）

くするなどして、城下から天守を見上げると大きく見えるように工夫を施している。

搦手ルートにみる渦郭式平山城の防御力

大手門側からのアプローチは、高石垣と櫓群の組合せによって高い防御力を誇る。それでは、搦手側の守りはどうだろうか。丸亀城南面の搦手口は栃の木門と呼ばれ、今も残る見事な石垣上には玉櫓が設けられていた。山崎家の後に城主となった、京極家二代・京極高豊が寛文十（一六七〇）年に現在の位置に大手門を移すまでは、搦手口が大手門であった。当時の威風を残す石垣が残り、三の丸に

見返り坂から見上げた三の丸北側の高石垣。打ち込みハギで積み上げられている（縄張図②）

は、間詰め石を隙間なく詰めた美しい石垣が姿を見せる。

三の丸搦手から時計回りに移動すると二の丸搦手へと達するが、三の丸と二の丸に配された櫓群が取り囲むように備えている。二の丸搦手には柱の礎石が残るばかりだが、かつては瓦葺き門があった。頭上にはちょうど天守がそびえ、巧みに造られた石落としが二の丸搦手の守りを援護する。

大手側と同様に搦手側も、高石垣と櫓群を効果的に配し、横矢をかけ続けられる構造だ。平山城を活かした渦郭式の縄張りによって、全方位の守りが可能になる。渦郭《かかく》式平山城と高石垣の組み合わせこそが、丸亀城の堅固な造りを実現しているのだ。

◆丸亀城 縄張図

提供：丸亀市教育委員会

【丸亀城】
◆所在地：香川県丸亀市一番丁
◆築城年：慶長二（一五九七）年、
　　　　　寛永二十（一六四三）年
◆築城者：生駒親正、山崎安治、京極高和
◆主な城主：生駒氏、山崎氏、京極氏

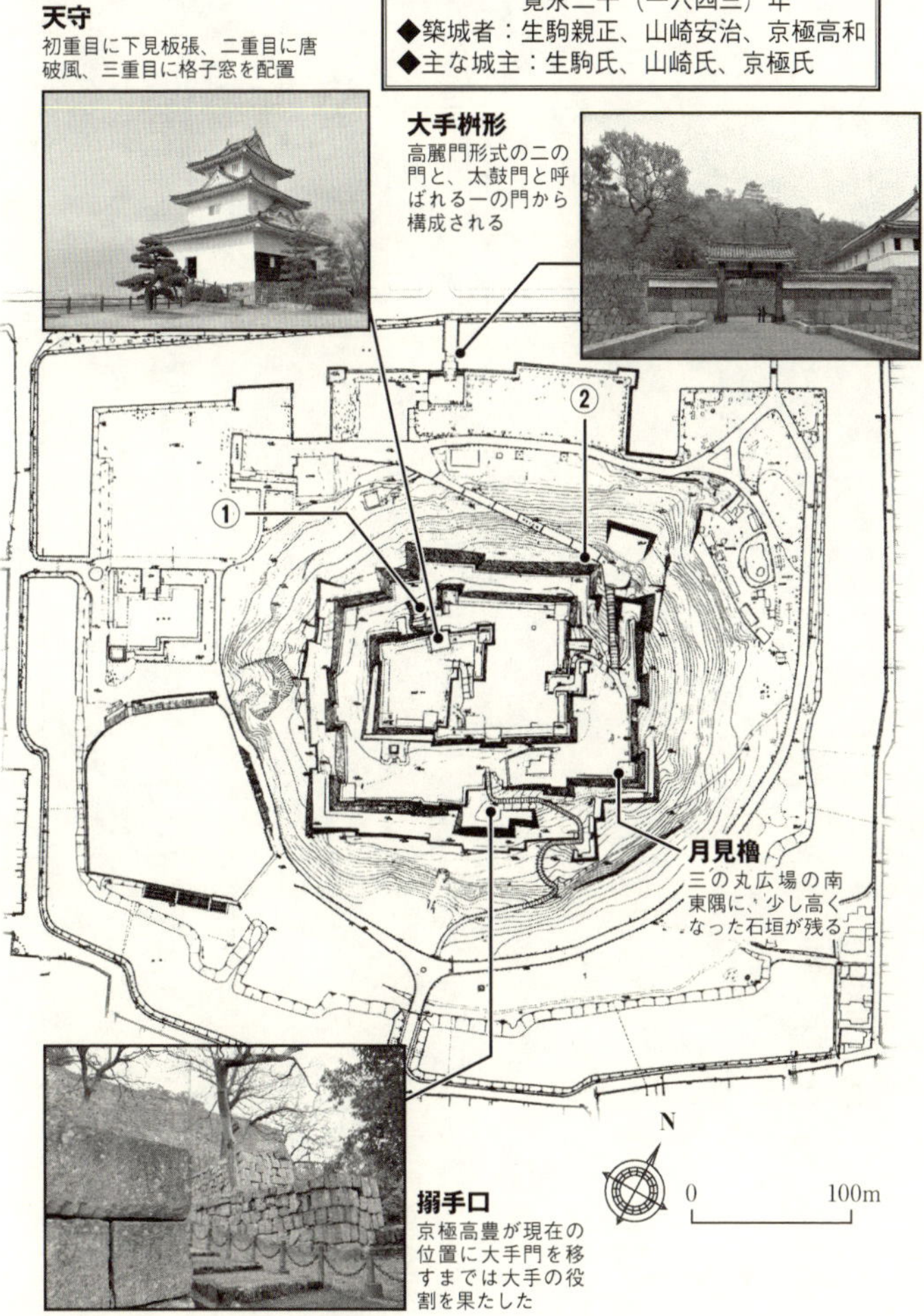
天守
初重目に下見板張、二重目に唐破風、三重目に格子窓を配置
大手桝形
高麗門形式の二の門と、太鼓門と呼ばれる一の門から構成される
①
②
月見櫓
三の丸広場の南東隅に、少し高くなった石垣が残る
搦手口
京極高豊が現在の位置に大手門を移すまでは大手の役割を果たした
N
0
100m

◆名護屋城

天下人の総動員で築いた巨城でもし朝鮮出兵の撤退戦があったら？

名護屋《なごや》城は、天正二十（一五九二）年より始まった文禄・慶長の役の際、朝鮮半島へ兵を送る拠点として、陣城として築かれた。九州各地の大名を動員した「割普請《わりぶしん》」という分担工事によって、わずか五カ月で主要部の大部分が完成。城域は十七万平方メートルにも及ぶ。中央最上段には金箔瓦を用いた五重七層の天守を中心とした本丸を置き、中段には天守を取り囲むように二ノ丸と三ノ丸、弾正《だんじょう》丸、遊撃丸、東出丸、水手曲輪、下段には山《やま》里《ざと》丸と台所丸を配置している。山里丸は、在城中の豊臣秀吉が能や茶道にふけった場所とされる珍しい遺構。本丸から下段まで高石垣で構築された曲輪を配置している。門は大手口のほかに五カ所あり、北側には鯱鉾《しゃちほこ》池と呼ばれる堀を備える。豊臣秀吉の御殿跡の遺構が、唯一確認されている城跡としても知られる。

文禄二（一五九三）年頃に描かれた狩野光信《かのうみつのぶ》作の「肥前名護屋城図屏風」には、五層の天守が見られる。推定されている高さは石垣から二五～三〇メートルほど。また、金箔を

◆肥前名護屋城諸候陣跡之図

提供：佐賀県立名護屋城博物館

【名護屋城】
◆所在地：佐賀県唐津市鎮西町名護屋
◆築城年：天正十九（一五九一）年
◆築城者：豊臣秀吉
◆主な城主：豊臣氏

大手口
城の正面口といわれ、唐津に通じる「太閤道」が伸びる

天守台
地階部分にあたる穴蔵への二カ所の出入口が発見されている

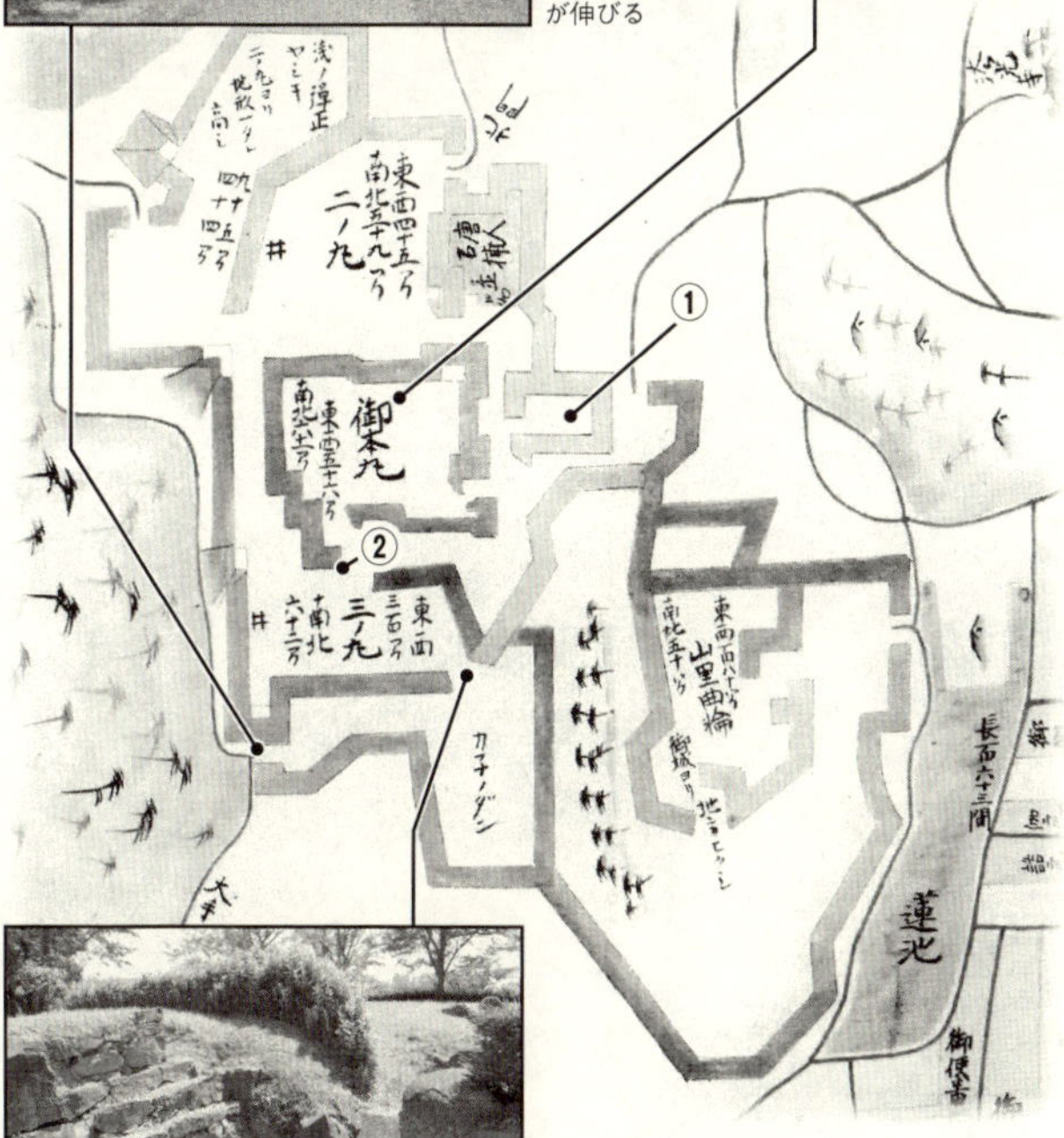

三ノ丸南東隅櫓跡
発見された北側の旧石段は、南側の新石段とは造られた年代が異なる

施した瓦が出土しており、天守に葺かれていたと考えられる。天守台内部の穴蔵底面には、玉石がびっしりと敷かれていたこともわかっている。

豊臣秀吉の居城・大坂城に次ぐ、当時全国で二番目の規模を誇っていた名護屋城。さらに驚くべきことに、名護屋城を中心とした半径三キロメートル圏内には、全国から参集した大名たちの陣跡が百三十余も構築され、その半数では石塁や土塁の跡が残っている。名護屋城周辺を埋め尽くすように、大名の陣屋が置かれ、大名の中には、伊達政宗や佐竹義《よし》宣《のぶ》など、東北の大名も数多く名を連ねる。城下町には、全国から集まった物資や、約十万人とも二十万人ともいわれる人々が集まり、大変な賑わいを見せた。

しかし、名護屋城の栄華は長くは続かなかった。慶長三（一五九八）年、豊臣秀吉の死によって文禄・慶長の役は終わり、名護屋城は役割を失ってしまう。江戸時代の初期に破却され、石垣が広範囲にわたって崩されている。石垣の隅部分と天端石《てんばいし》が破壊されているため、塀や櫓を建てられず、石垣は役割を果たせないのだ。使われなくなった名護屋城の用材は、唐津城（佐賀県唐津市）の築城時に転用されたと考えられている。

豊臣秀吉の夢とともに役割を失い、徹底的に破壊されてしまった名護屋城。「もしも、朝鮮出兵の撤退戦が名護屋城で行われていたら」と、想像してみたい。

天守台から見る遊撃丸。文禄二（一五九三）年、明国の使節が滞在したといわれる（縄張図①）

改造の跡が物語る築城の際の焦り

大手口から東出丸へと一直線に伸びる広い大手道は、ほかの城では見ない構造だ。三ノ丸からの横矢が効いている。当時最先端の技術を結集した高石垣と櫓群が城内各所に配され、高い防御力を誇った。

一見すると隙のない名護屋城であるが、細部には気になる箇所がある。本丸の西側と南側の石垣が一例だ。築城時の石垣（旧石垣）を、壊すことなくそのまま埋め込んで新しい石垣（新石垣）を築いた箇所がある。旧石垣を築いた後に大規模な拡張を行い、新たに多聞櫓と隅櫓を建てたのだ。

三ノ丸に残された破城の跡。天端石や隅部が徹底的に破壊されている（縄張図②）

また、三ノ丸南東隅櫓には、造られた時期の異なる石段が残る。新石段が櫓跡のほぼ中央にあるのに対し、旧石段は櫓台から北側に外れている。途中で設計変更が行われ、新石段に付け替えられたのだろう。ほかにも、名護屋城内には改造の跡がたくさん残っており、各大名が城造りを分担し、出兵に合わせ築城を急いだのが原因だと考えられている。

本丸や三ノ丸の改造は、ほかの曲輪にも影響が及んでいた可能性もある。もし改造がうまく機能していなかった場合には、名護屋城での撤退戦は守る側に厳しかったはず。何より、国挙げての戦いにも関わらず、次々と改造が必要になった状況自体が、大きな不安材料だともいえる。

第四章

セオリーに反する ナゾだらけのレア城

◆高取城

小藩にはあまりに大規模な城には幕府のある思惑が隠されていた？

標高約五四八メートルの山頂に築かれた高取城は、比高が四四六メートルもある。大和と吉野をつなぐ要衝地として、南北朝時代に城は築かれたが、現在のような石垣はなく、山の地形に合わせて土を利用したものだった。天正十二（一五八四）年、筒井順慶《つついじゅんけい》が改修し、後に豊臣秀長の家臣、本多利久によって近世城郭へと姿を変える。寛永十七（一六四〇）年には、徳川譜代の家臣、植村家政が高取藩の初代藩主として入城。『城山由来覚書』によると、高取城の修理には、届出が不要という特別待遇が認められていた。江戸幕府に重要視されるものの、明治六（一八七三）年の廃城令によって建物は失われた。

山麓の城下町を通る土佐街道を経て、大手道から登る。尾根に沿った大手道は、くねくねと曲がり「七曲り」と呼ばれる難所を通る。進軍を鈍らせるために道は曲がり、敵の侵入を防ぐために竹皮をまいて滑りやすくしたり、竹を倒したりして備えた。七曲りの先には、さらに急勾配の「一升坂」が待ち受ける。あまりにも急坂であるために、石材を運ぶ

攻め手を百八〇度に方向転換させる本丸虎口は、特に強固な防御を誇る（縄張図①）

城内最大の高さ約十二メートルもの石垣が積み上げられた本丸天守台（縄張図②）

人夫に米一升を加増して励ますほどであった、という逸話が残る。

城内への入口の一つ、二の門前には池が広がる。山城としては珍しい水堀で、大阪湾に注ぐ高取川の源流を活かしている。水堀の両端は堤で堰き止め、堤の上に架けられた欄干の付いた橋を渡り、二の門へ達していた。また、二の門付近にたたずむユニークな石造物、「猿石」が目を引く。猿石がのる台石は、古墳の石材の可能性が指摘されている。古墳から転用された石材が、多数石垣に用いられているのも高取城の特徴だ。二の門脇には、小さいながらも石垣で周りを囲った立派な井戸の跡が残る。高取城内には井戸が多数あり、山城の弱点になりがちな、水の確保にも抜かりがなかった。

二の門から内側を「城内」と呼び、周囲は約三キロメートルもある。高取城を形成している全範囲の周囲となると、約三〇キロメートルにも及ぶのだ。同じ城内にも関わらず、入口である二の門から、本丸までは約百十メートルもの比高がある。二の門から、三の門、矢場門、松ノ門、宇陀《うだ》門、千早《ちはや》門そして三の丸を経て、二の丸、本丸への唯一の入口である大手門に達する。高取城には二の門に加えて、壺坂口門と吉野口門を合わせて、三つの入口があるが、いずれの導線を経ても、大手門の前で合流する。大手門には高石垣による桝形虎口が構えられ、内部の二の丸には、藩主の屋敷や政庁が建ち並んでいた。

〝実力〟の片鱗を見せた幕末の戦い

本丸は東西四十間（約七三メートル）、南北三五間（約六四メートル）の凸字型。天守台の高石垣は、地上から約十二メートル。本丸上段に三層の天守がそびえ、城全域に高石垣、二二基の櫓と五基の多聞櫓、三三棟の門を備えた。大小二棟の天守と鉛櫓、煙硝櫓が多聞櫓と塀によって連結している。

高取城が実戦での舞台となったのは幕末。文久三（一八六三）年、尊皇攘夷派浪士の一団が、公卿の中山忠光を主将として大和国で決起した。「天誅組の変」と呼ばれ、十津川郷士九六〇人の来援を得た天誅組に対し、二万五千石の高取藩は約二〇〇名の兵力で迎え撃った。城代家老・中谷栄二郎の指揮のもと、高取場付近の鳥ヶ峰で交戦。大砲四門が威力を発揮し、天誅組は敗走する。決死隊が再び夜襲をかけるものの、失敗に終わり、天誅組は退却した。高取藩の規模には不釣り合いなほど大規模で、無届けの修理が許された高取城。結果として、討幕勢力を撃退するのに役立ったといえる。

【高取城】
◆所在地：奈良県高取町高取
◆築城年：元弘二・元慶元(一三三二)年頃、
　　　　　天正十三(一五八五)年
◆築城者：越智邦澄、本多利朝
◆主な城主：越智氏、本多氏、植村氏

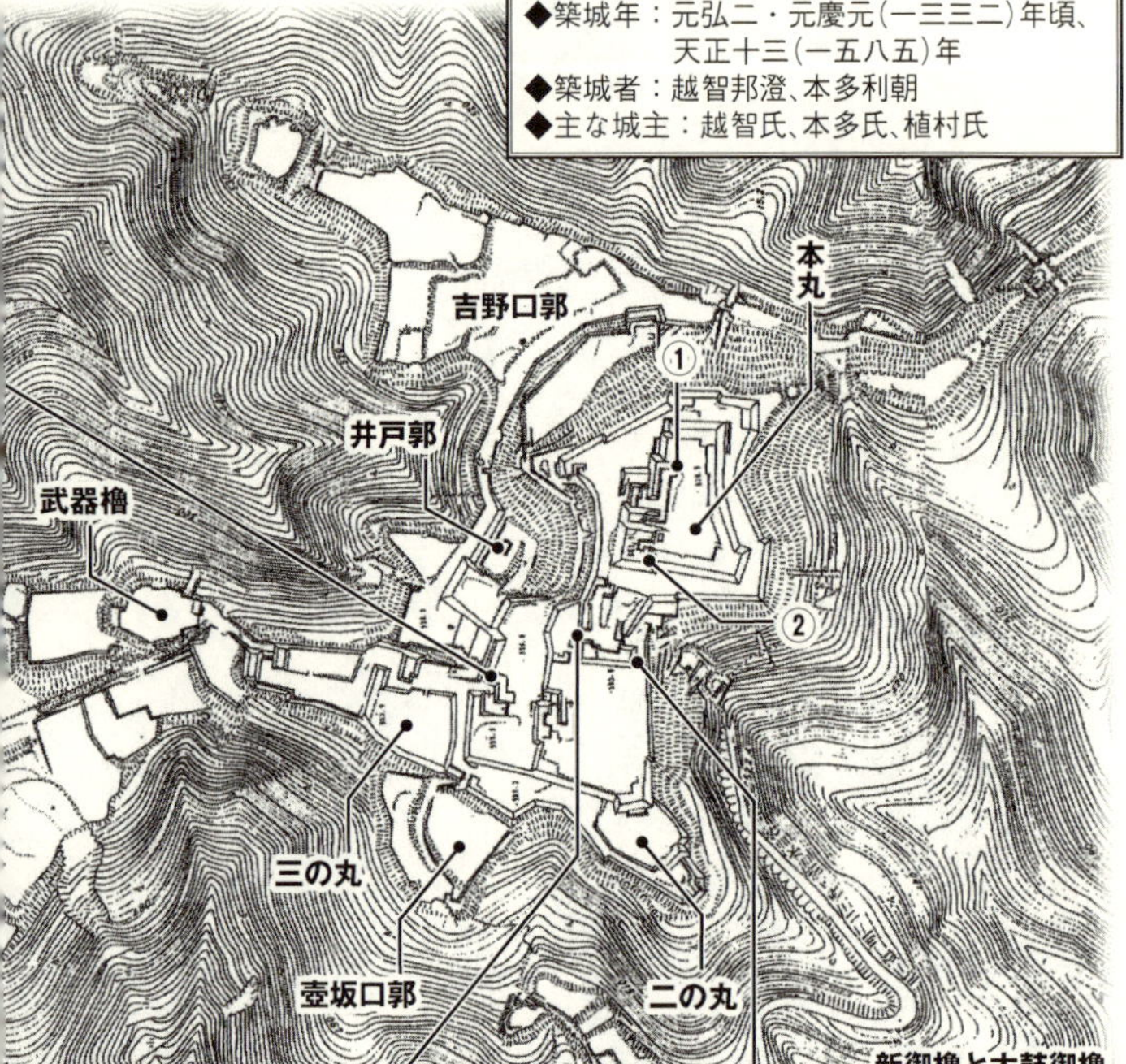

十五間多門
左右の石垣を渡す十五間（約二七メートル）の多聞櫓が立っていた

新御櫓と太鼓御櫓(写真左)
本丸と二の丸の間に立ち、天守の防衛の役割を果たしたと考えられる

◆高取城 縄張図

作図：髙田 徹

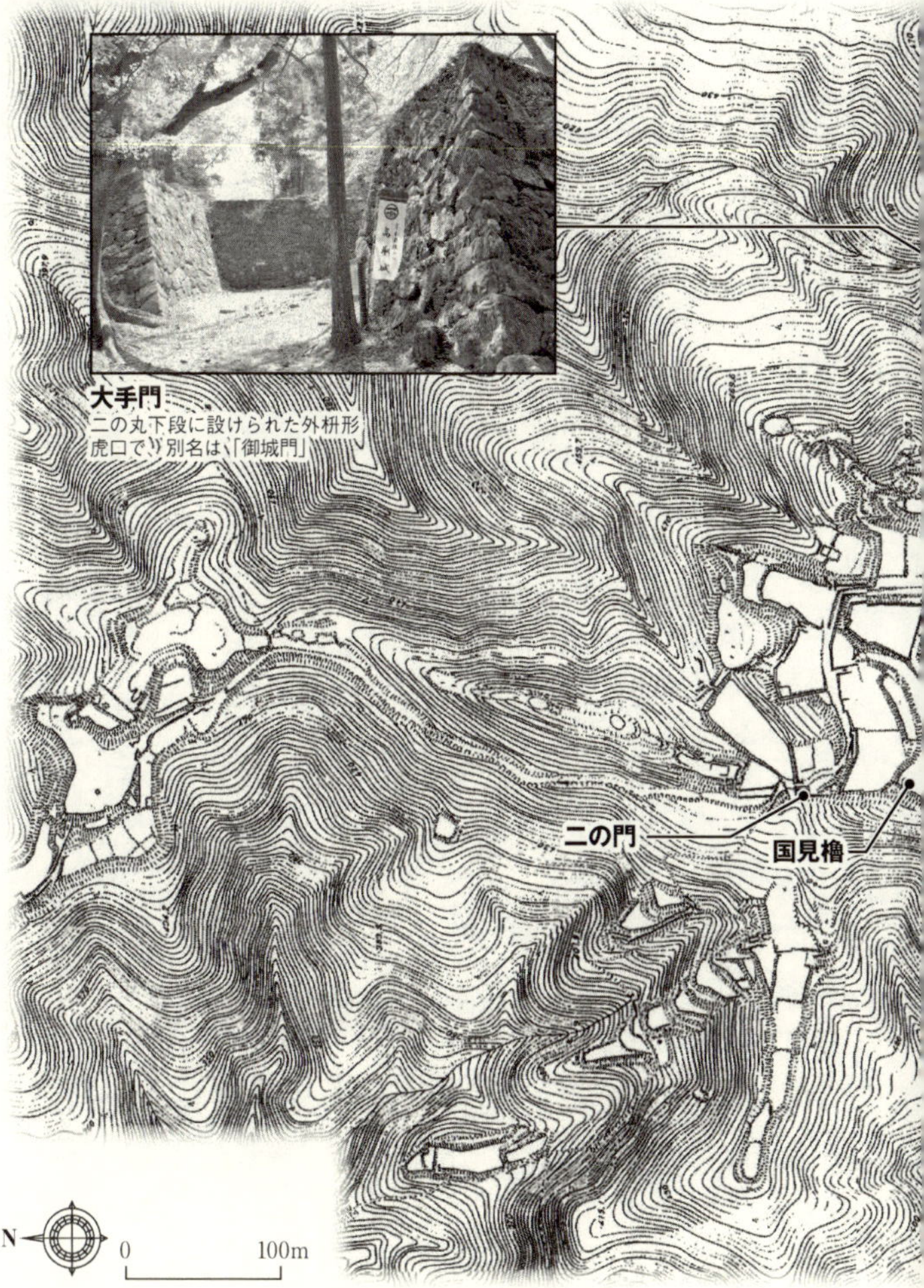
大手門
二の丸下段に設けられた外枡形虎口で、別名は「御城門」
二の門
国見櫓
N
0
100m

◆城井谷城

表も裏も天然の門が立ちはだかる こじ開けるのは至難の〝谷の城〟

圧倒的な兵力差がある敵と対峙したとしても、一度にまとめて押し寄せて来られなければ、その差はそれほど不利にはならない。敵の進路を限りなく少なくし、かつ大軍で動くのが難しい狭い地形に城を築けば、そうやすやすとは落とせないだろう。その典型的な一例といえるのが、城井谷《きいだに》城（福岡県築上町）だ。

その名の通り、城井川最上流の狭隘な渓谷の狭間にあり、縦に長く伸びた形状。「表門」「裏門」と呼ばれる前後の二つの侵入口がある。この城の防衛ポイントは極めてシンプルで、この二つの門と、さらに表門より外側にある「三丁弓《さんちょうゆみ》の岩」だ。

南側は千メートル近い山脈が迫っているため、敵が迫って来るとすれば、北側から川沿いに遡って来るルートが一般的だ。まず目の前に現れるのが三丁弓の岩。十メートル以上はあるだろう、縦に屹立《きつりつ》する巨岩に立てば、弓が三丁もあれば敵を撃退できた、というのは伝承に過ぎないだろうが、岩陰なども利用すれば、かなり守備側優位に戦えるはずだ。

表門を城外側から。ゴツゴツした天然の岩は、それ自体が凶器ともなり得る

渓流の流れもすぐ脇に迫っている。

その先に、しばらく歩いた先に立ち塞がるのが「表門」だ。一列縦隊どころか、身をかがめるようにし、一人ずつしか通り抜けられない天然岩のトンネル。くぐり抜けた瞬間に、各個撃破されてしまうのは必然。討たれた者達の亡骸で、すぐに埋まってしまいそうなほどで、相当な犠牲を払わなければ、突破できないのは間違いない。

一方の裏門は、表門とは別ルートの山道を越えてたどり着けるが、こちらはさらに険しい。高さ十数メートルのほぼ垂直の崖上に空いた円形の穴をくぐり抜けた瞬間、城内からの射撃の的となる。その先も直滑降の断崖で、へばりつきながら下り切るのは至難の業。城

城内側から見た裏門の最上部。アーチ部分も平地はわずか

兵に狙われるだけでなく、滑落の危険も極めて高い。

　詳細な記録は残っていないが、城井谷城も巻き込まれたと思われるのが、天正十五（一五八七）年の豊前《ぶぜん》国人一揆。首謀者の城井《きい》鎮房《しげふさ》はこの城を拠点とし、天下人・豊臣秀吉の配下、黒田官兵衛・長政親子と戦った。最終的には酒宴中に謀殺されるのだが、実戦では鎮房側が勝利。その一因は、城井谷城の堅さにもあったはずだ。

【城井谷城】 所在地：福岡県築上町寒田／築城年：建久六（一一九五）年／築城者：宇都宮信房／主な城主：宇都宮氏、城井氏

◆埴原城

全国の山城でも稀に見る奇妙な構造
竪堀と組み合わせられた謎の凹凸

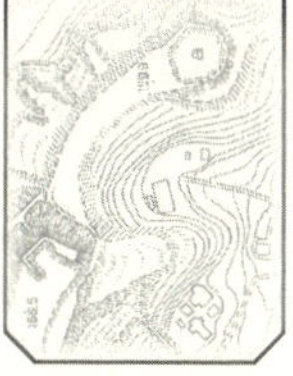

埴原《はいばら》城（長野県松本市）は、信濃国守護であった小笠原氏の城とされている。天文十九（一五五〇）年の武田信玄の信濃侵攻により落城。小笠原氏は領地を追われたものの、天正十（一五八二）年に三十数年を経て旧領回復。この際、小笠原貞慶《おがさわらさだよし》により大幅に改修されたものが現在の遺構となったとされている。

居城だった林城（長野県松本市）を筆頭に、信濃国中部の各所に築かれた小笠原氏の城は、徹底的に山の斜面に掘られた畝状竪堀が有名である。埴原城もその例にもれず、特にそれが集中しているのが、城域の東側一帯だ。

畝状竪堀が何本もズラリと並ぶ山城は全国各地にあるが、この城のそれは非常に奇妙だ。一つひとつの竪堀は、尾根から麓にかけてその長さは十数メートルもあり、それが幾重にも並ぶのは圧巻の光景だが、特に変わっているわけではない。注目すべきは、その尾根部分だ。両脇の急斜面に竪堀があり、その結節点となる尾根に堀切が掘られて両者がつながっている、という形状はよく見かける。埴原城の主郭東側でもそうなっているのだが、その堀切部分が直線的ではなく、左右で互い違いにズレている。また、尾根の幅が数メートルと比較的広いためか、堀切と交わる方向にも、堀底道のような竪堀が設けられているのだ。そして、その堀底道は直線的ではなく、何度も屈曲している。

次ページ上の写真を見ればわかるように、まるで小山がいくつも並んでいるような、不規則な凸凹。堀底道は折れ曲がりながらも、基本的に尾根に沿う方向になっていて、通常の防衛ライン的な発想とはまったく異なる。ただし、自然地形ではなく、土木工事による人工的なものであることは間違いないだろう。

この凸凹だらけの部分を見下ろす位置にある曲輪は、崖上にあるのに加えて、土塁も盛られている。背後が主曲輪部分にあたるため、竪堀をなんとか登り切った敵を迎え撃つポイントなのだが、相当な急勾配をあえて登らせ、体力を消耗させた先に待つ、足元を不安定にさせたトラップなのか。築城者の真意は謎だが、興味は尽きない。

【埴原城】 所在地：長野県松本市中山／築城年：不明／築城者：埴原氏、小笠原貞慶／主な城主：埴原氏、小笠原氏

城内一番の特徴である凸凹部分。右手奥に見える崖上が土塁になっている

城内の西側尾根の連続堀切。こちらはセオリー通り、尾根を横断するように切られている

◆岩倉城

本丸は必ずしも頂上にはなかった特殊な地理的条件での築城術

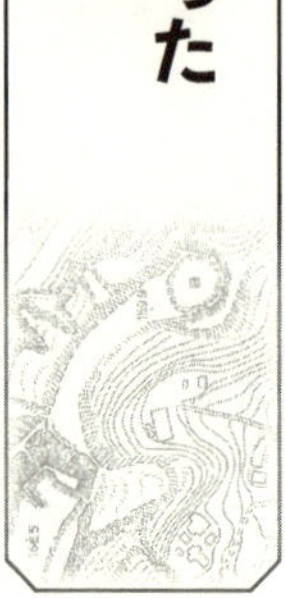

山城の主曲輪は、必ずしもその山のピークに設けられているわけではない。その典型的な一例が、岩倉城（滋賀県野洲《やす》市）だ。築城年も含め、不明な点の多い城だが、「古城山《ふるしろやま》」という地名も残っており、城があったことは間違いない。南近江に覇を唱えた六角氏の家臣・馬渕氏が守備したと伝わっている。

岩倉城は、尾根道の脇に開けた山中の平地にある。主曲輪はかなり広く、東西南北それぞれ数十メートルはある。山上にも関わらず、今も水を湛えた桜本池があり、水の手の心配もなかっただろう。

主曲輪内部に立つと、尾根がちょうど防塁のように伸びているのがよくわかる。いわば、天然の土塁だ。最もわかりやすいのは、城の南側に伸びるものだが、ほかの方角も概ね、天然の土塁上の尾根に囲まれているといっていい。

さて、問題はこの城の防衛上の要点はどこにあるか、だ。最もアプローチしやすいのは

城の南側に伸びる尾根を望む。尾根上は幅が狭い山道になっている

主曲輪のほぼ中央に位置する桜本池。緑がかった白濁色で神秘的

やはり、南側の尾根から。ちょうどその中央辺りに一カ所、堀切のように切れている場所があり、そこから城内へと侵入できるが、尾根と主曲輪の間には腰曲輪もあり、直接なだれ込めそうだ。

また、尾根は城内より高い位置にある。地形上は土塁のようになっているものの、攻撃側がその上を伝って来てしまうと、その効果は発揮しづらい。土塁は、敵の侵入角度と直角に相対しなければ、あまり意味がないのだ。

岩倉城から尾根伝いに約五〇〇メートルほど東にゆくと、小堤《こづつみ》城山城へと至る。こちらも同じような構造で、主曲輪とされる場所がピークではなく、尾根上から見下ろすやや低い位置にある。それもそのはず、両城は同じ六角氏の家臣の城なのだ。いずれの城も、ピーク付近は広い平坦地がないか、掘削して造りづらい。ならば高低差的な利点を捨てても、より多くの兵が駐屯できる場所を主曲輪とした、ということなのだろうか。

【岩倉城】所在地：滋賀県野洲市大篠原岩倉／築城年：鎌倉時代末期または室町時代初期／築城者：六角氏／主な城主：馬淵氏

◆羽黒山城

滑落必至の急斜面と大堀切が守る天然&人工のハイブリッド山城

羽黒山城（茨城県桜川市）は、標高二四五メートルの羽黒山の山頂から南側へと曲輪が連なる山城だ。同じ峰伝いの棟峰《ぐしみね》にも棟峰城があり、こちらの方が二六四メートルと標高も高いが、規模は羽黒山城の方が圧倒的。棟峰城の方が出城と見るのが自然だろう。

羽黒山城には、主なものだけで六つの曲輪が約百メートルにわたって連なっている。その大半は周囲ぐるりを土塁に覆われており、ほぼ五～十メートルほどの幅がある。麓から比高百五十メートルの山上にありながら、これだけ比較的平坦な土地が確保できる場所はなかなかない。まさに、この場所に築かれるべくして築かれた山城だといえる。

各曲輪間には堀切もいくつも切られており、特に城の最北端、棟峰城からの尾根道からの侵入を阻む大堀切は巨大。高低差も幅も十メートル以上はある。頭上高く屏風のようにそびえる切岸は、敵兵の戦意を喪失させるのに充分だ。

北側を守るのが大堀切だが、南側を守るのは急坂。麓からの道、幅も広く、特に人工的

北側の大堀切。左手奥の城内側は土塁により高さを増してある

な造作も見られない。見た目には登りやすそうにも見えるのだが、一歩、二歩と足を踏み進めてゆくと、とにかく滑る。細かい砂礫のような地面でズルズルと滑り落ちてしまうのだ。しかもその距離、数十メートル以上はある。ちょうど登り切ったところに二重になった土塁があるのは、ここから思う存分攻め立てるためだろう。

天然そのものの地形ながら、その効果を最大限活かしたこのような仕掛けもまた、山城ならではの特徴といえる。

【羽黒山城】 所在地：茨城県桜川市西小塙／築城年：南北朝時代？／築城者：不明／主な城主：春日顕国（かすがあきくに）？

南側の急坂。現在は安全のため、ロープが張られている

◆皆川城
◆多気山城

山肌を覆い尽くす無数の段曲輪 壮観だが戦闘面での効果は？

皆川氏の居城だった皆川城（栃木県栃木市）と、宇都宮氏が治めた多気山《たげさん》城（栃木県宇都宮市）はいずれも山城で、この二城には、共通の特徴がある。それは、山頂に置いた本丸を中心として、曲輪が同心円状に広がっていることだ。山の斜面を段曲輪が幾重にも連なっている様は、さながら棚田のようである。

皆川城は標高一四七メートルの山の頂上に主郭が置かれ、細長い形状の腰曲輪がいくつも配置されていた。斜面の各所に掘られた竪堀は深さ二メートルに達するものもあった。一方の多気山城は三七七メートルの独立峰である多気山に築かれており、斜面の曲輪群と、山裾の外郭部で構成されている。山裾には長い横堀が設けられており、山の東、西、南側を守るような形が取られていた。

通常、山城は、急斜面や岩盤といった天然の要害を取り入れて、敵の侵入経路を限定させ、全方位からの攻撃とならないようにするのがセオリーだ。攻め口をできるだけ少なく

◆皆川城 縄張図

作図：渡邉昌樹

【皆川城】
◆所在地：栃木県栃木市皆川城内町城山
◆築城年：不明
◆築城者：不明
◆主な城主：皆川氏

堅堀

途中で二度、直角に折れ曲がる個性的な形状。両脇は土が盛られより傾斜がきつくなっている

段曲輪

主郭の南側斜面には、最も数多くの曲輪が連なっている。進路を惑わせる迷路的効果もあったか

水堀

城域の外周部は、かつては水堀がぐるりと取り囲んでいたという

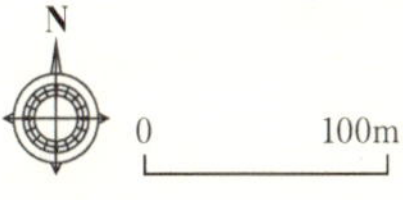

することで籠城側は城兵を集中配備でき、少人数でも大軍に対抗できるようになる。

皆川城や多気山城のように縄張りが同心円状に広がる城では、一見すると、山全体に曲輪が広がり壮観だが、戦の際は非常に守りづらそうな城のように思える。

威圧感は充分だが曲輪間の連携に難あり

二つの城にはまず、数多くの段曲輪があることによるスペースの広さが共通している。どちらも山全域を城郭化しているので、かなりの兵を抱え込むことができたと考えられる。攻め手としては、城内に多くの兵が潜んでいるとなれば、安易に攻めては多数の死傷者が出ることは容易に予想できる。

では、攻める側はどこから攻略を試みるだろうか。もう少し詳しく見てゆこう。皆川城の場合は、攻め口となるのは南側の居館からの道だと考えるのが自然だ。反対の北側は、斜度がきつく登るのはなかなか難儀だ。多気山城では、攻め口となるのはおそらく東側。横堀は特に規模が大きく、深さ六～七メートル、幅は十メートルほどあったと考えられる。

さて、この二城の一番の特徴である城内の段曲輪は、戦いにおいて効果を発揮できただ

◆多気山城 縄張図

提供：宇都宮市教育委員会

【多気山城】
◆所在地：栃木県宇都宮市田下町
◆築城年：不明
◆築城者：不明
◆主な城主：多気兵庫守、宇都宮氏

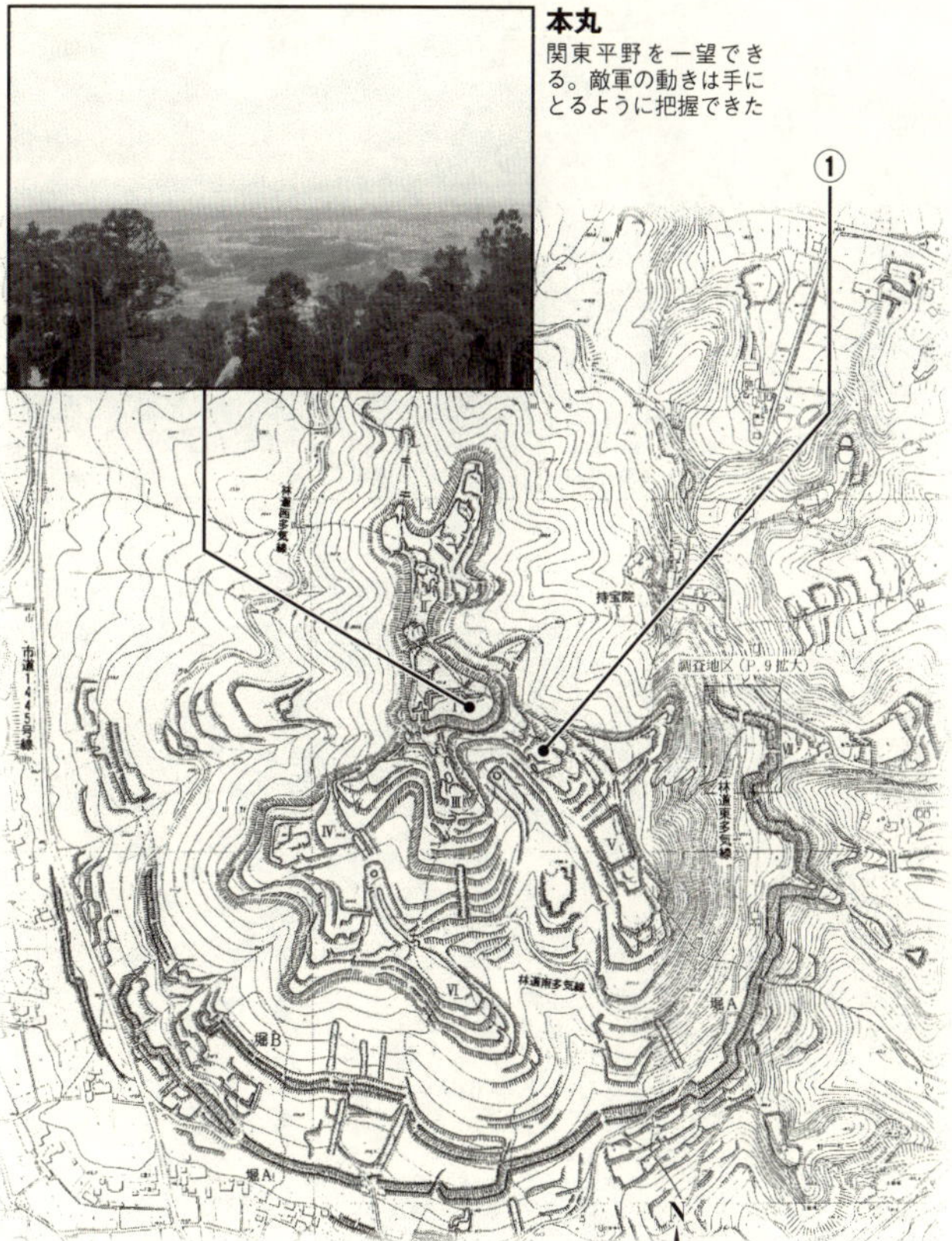
本丸
関東平野を一望できる。敵軍の動きは手にとるように把握できた
①
林道西多気線
持宝院
市道1445号線
調査地区（P.9拡大）
林道東多気線
林道南多気線
堀A
堀B
堀A
N
0
200m

多気山城。山頂の本丸からほぼ等間隔に段曲輪が並ぶ（縄張図①）

ろうか。

皆川城は随所に竪堀や横堀が掘られ、敵を迎撃できる体制が取られていたと予想できるが、段曲輪同士は行き来する道が限られ、城兵の移動はスムースでなかった可能性がある。段曲輪間の移動のしづらさは多気山城も同様だ。加えて多気山城は、南峰部も段曲輪状にはなっているものの、斜面がほかに比べて緩やかで、攻めて来る敵への防御力は弱い。

ただし、皆川城、多気山城とも、攻め上がろうとする敵が下から見上げれば、本丸に達するまで、おびただしい数の曲輪を攻略しなければならないことは一目瞭然。戦意を喪失させる精神的な効果はそれなりにあったとも考えられるだろう。

◆都於郡城

全国でも屈指の大堀切と高土塁 広大な城が生まれた地質的背景とは

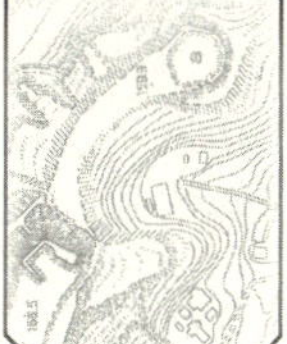

都於郡《とのこおり》城は、標高百メートルの台地上にあり、平地に孤立した自然の山丘を利用して築かれている。周囲を急峻な断崖に囲まれ、五つの城郭から構成された堅固な城。遠くから眺めると、舟が浮いているような姿をしているため、別名「浮舟城」と呼ばれる。

南北朝時代の建武二（一三三五）年、足利尊氏より都於郡三〇〇町を賜り、日向に下向した伊東祐持《いとうすけもち》が築城。以来約二四〇年にわたり、伊東氏累代の居城として栄えた。伊東氏は後に「伊東四十八城」と呼ばれる四十八の城を有し、日向国の大半を領する。都於郡城は佐土原城（宮崎県宮崎市）とともに、本城として日向支配の中心となった。

都於郡城跡の主要部は、本丸、二ノ丸、三ノ丸、西ノ丸、奥ノ丸の五つの曲輪から構成される。その範囲は、南北約二六〇メートル、東西約四〇〇メートルにも及ぶ。さらに、主要曲輪の外側周辺には東ノ城、向ノ城、南ノ城、日隠城などの出城跡や、大用寺、岳惣寺、一乗院などの寺院跡も分布。どの出城も台地の先端部に配置され、主要な連絡道路を抑え、主体部の南側から東側にかけての守備をする、砦として機能を果たしていた。都於郡城の西北端に位置する三ノ丸は、三方が断崖に面し、山麓には三財《さんざい》川が流れて天然の外濠を形成。隣接する西ノ城と同じように、斥候の役割を果たしていた。また、ほかの伊東四十八城と連絡を取るための狼煙台があったとも考えられている。

驚くべきは、主体部を独立した五つの曲輪に分ける、堀切のスケールの大きさだ。本丸と二ノ丸を分ける、深さ約十メートル、幅約二〇メートルの堀切に代表されるように、巨大な堀切が点在する。九州の山城の中には、都於郡城のように、曲輪を「城」と呼ぶ例が見られる。曲輪群が高い独立性を備えているからこそ、「城」と呼ばれていたのかもしれない。独立した曲輪群は、連動して横矢をかける防御に適している一方、曲輪ごとの階層差が小さいという弱点がある。攻め手としては、とにかく一つ曲輪を制すれば、優位に立つ糸口となったはずだ。

曲輪に築かれた土塁にも注目したい。主体部の曲輪の中で、最も古い時期に築かれた二ノ丸には、高いところで約二メートルの土塁がほぼ原形をとどめている。伊東氏の時代には二ノ丸全体に土塁が張り巡らされ、軍事上の拠点となった可能性が高い。二ノ丸だけではなく、本丸や三ノ丸にも土塁は残っており、各曲輪の周縁部には、土塁が築かれていた

本丸から望む二ノ丸と幅約二十メートルの大堀切（縄張図①）

と考えられている。
都於郡城が築かれた台地や周辺の土地は、阿蘇山や始良《あいら》山などの噴火の影響を受けた地層によって形成されているため、土を掘りやすく、大規模な堀切を築くのに適していた。
都於郡城から約十キロメートル北上すると、西都原《さいとばる》台地の上に日本最大級の古墳群、西都原古墳群が広がる。都於郡城よりもはるか前に土壌を利用し、古墳を造っていたのだ。

シラス台地に築かれた他の南九州の城との比較

都於郡城が含まれる九州南部一帯には、細粒の軽石や火山灰であるシラスが厚い地層として分布する。シラス台地が広がる鹿児島県にも、都於郡城と類似する形態の城跡が残る。志布志《しぶし》城（鹿児島県志布志市）や知覧《ちらん》城（鹿児島県南九州市）は、シラス台地を深く掘り下げて空堀とし、独立性の高い複数の曲輪から構成されている。

シラス土壌は流水の浸食に弱いため、狭く深い、切り立った谷が発達する。さらに、シラス土壌は切り込んだとき、雨水の浸食に対して、垂直に切断すると壁面を安定させることができた。そのため、知覧城や志布志城の堀切は、垂直に近い角度で掘られている。例えば、志布志城は東西約三〇〇メートル、南北約六〇〇メートルの「内城」を主城とする。内城だけで都於郡城の主体部より広いのだ。高さ約五〇メートルの断崖に囲まれた曲輪もあり、平面的にも立体的にも、都於郡城より規模が大きい。

垂直とはいえないものの、都於郡城の堀切も傾斜は急で、しかも深くて広い。土壌の特徴を活かした構造である一方、水の浸食を受けやすい点にも留意したい。

都於郡城は慶長二〇（一六一五）年、江戸幕府の一国一城令により廃城となったが、実質的には豊臣秀吉の九州征伐後にすでに廃城となり、近世以降は風雨にさらされ続けてきた。長年の浸食によって、伊東氏が実際に使っていた時代よりも、堀切は規模を増した可能性も考えられるのだ。

◆都於郡城 縄張図（主要部）

提供：西都市歴史民俗資料館

【都於郡城】
◆所在地：宮崎県西都市鹿野田
◆築城年：延元二・建武五（一三三七）年
◆築城者：伊東祐持
◆主な城主：伊東氏、島津氏

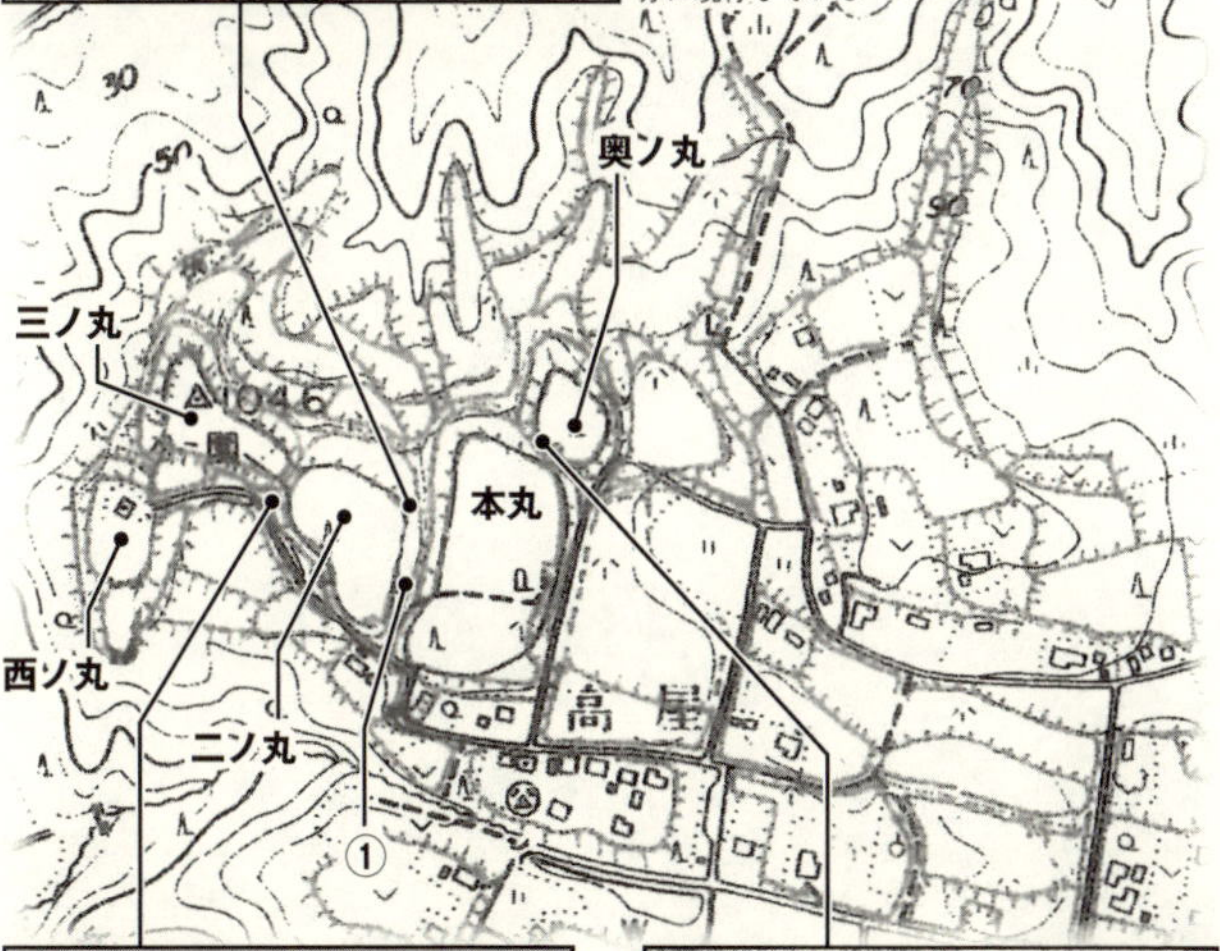
N
0 40m
二ノ丸の土塁
高さ約二メートルの土塁が本丸側半分に現存している
奥ノ丸
三ノ丸
本丸
西ノ丸
二ノ丸
高屋
①

二ノ丸・三ノ丸間の堀切
V字型に掘られたダイナミックな「薬研堀」が見られる

本丸・奥ノ丸間の堀切
両曲輪とも堀切に面して土塁が築かれていた

【参考文献】

愛知中世城郭研究会・中井均 著・編『愛知の山城 ベスト50を歩く』（サンライズ出版）
今泉慎一『おもしろ探訪 日本の城』（扶桑社）
今泉慎一『日本の名城 データブック200』（実業之日本社）
今泉慎一 監修『「山城」の不思議と謎』（実業之日本社）
加藤理文・中井均 編『静岡の山城 ベスト50を歩く』（サンライズ出版）
かみゆ歴史編集部『別冊歴史REAL「山城歩き」徹底ガイド』（学研プラス）
かみゆ歴史編集部『日本の山城 100名城』（洋泉社）
熊本城総合事務所／熊本城調査研究センター『復興 熊本城 Vol.1』（熊本日日新聞社）
真田純子『図解 誰でもできる石積み入門』（農山漁村文化協会）
滋賀県教育委員会
　『埋蔵文化財活用ブックレット11（近江の城郭6）観音寺城跡 ―江南の雄 六角氏―』（滋賀県教育委員会）
千田嘉博『石垣の名城完全ガイド』（講談社）
千田嘉博『日本の城事典』（ナツメ社）
武光 誠 監修『図解 戦国史 大名勢力マップ 詳細版』（スタンダーズ）
乃至政彦 監修『戦国の地政学』（実業之日本社）
中井 均 編『近江の山城 ベスト50を歩く』（サンライズ出版）
中井 均『城の攻め方・つくり方』（宝島社）
西ヶ谷恭弘・光武敏郎『城郭みどころ事典 西国編』（東京堂出版）
西股総生『「城取り」の軍事学　築城者の視点から考える戦国の城』（学研パブリッシング）
西股総生『土の城指南　歩いてわかる「戦国の城」』（学研パブリッシング）
萩原さちこ 監修『戦國の山めぐり』（G・B）

萩原さちこ『地形と立地から読み解く「戦国の城」』（マイナビ出版）
風来堂編『全国 城攻め手帖』（メディアファクトリー）
丸亀市観光協会『いにしえのときを刻む 丸亀城』（丸亀市観光協会）
三宅唯美・中井 均 編『岐阜の山城 ベスト50を歩く』（サンライズ出版）
米澤貴紀 著 中川 武 監修『日本の名城 解剖図鑑』（エクスナレッジ）
『廃城をゆく1〜6』（イカロス出版）
『戦国の堅城』（学研）
『戦国の堅城Ⅱ』（学研）
『図説 縄張のすべて』（学研プラス）

【参考 web サイト】
秋田の中世を歩く／NHK大河ドラマを10倍楽しむ！ 真田丸ガイド／おかやま観光ネット
岡山県古代吉備文化財センター／奥三河観光ナビ／お城めぐりFAN／小谷城戦国歴史資料館
織三観音観光振興連絡会／熊本城総合事務所／国宝松本城ホームページ／埼玉県立さきたま史跡の博物館
佐賀県立名護屋城博物館／城郭放浪記／城びと／杉山城ホームページ／セレクト日本史／戦国城郭記
戦国武将列伝Ω／全国史跡巡りと地形地図／特別史跡公園 西都原古墳群／日本経済新聞電子版
文化遺産オンライン／余湖くんのお城のページ／わたしたちの長浜
各市区町村ホームページ（含む観光協会・教育委員会）

編　者

風来堂（ふうらいどう）

編集プロダクション。国内外の旅行をはじめ、歴史、サブカルチャーなど、幅広いジャンル&テーマの本やweb記事を制作している。主な制作本に、『全国ローカル路線バス』『「山城」の不思議と謎』『戦国の地政学』『「その後」の廃城』『日本の名城 データブック200』（以上、実業之日本社）、『蔵元の娘と楽しむ日本酒入門』（スタンダーズ）など。webメディアでは、「どこいく？×トリップアドバイザー」などに寄稿している。
http://furaido.net

※本書は書き下ろしオリジナルです

※各ページの地図には、国土地理院電子国土Webを用いています
※本書掲載の縄張図は個々の作図者による著作物です。無断転載を禁じます
※縄張図の方位、縮尺は目安です。多少の誤差がある場合があります

JIPPI Compact
じっぴコンパクト新書 370

攻防《こうぼう》から読《よ》み解《と》く
「土《つち》」と「石垣《いしがき》」の城郭《じょうかく》

2019年11月15日　初版第1刷発行

編者……………………風来堂
発行者………………岩野裕一
発行所………………株式会社実業之日本社
〒107-0062 東京都港区南青山5-4-30
CoSTUME NATIONAL Aoyama Complex 2F
【編　集】TEL.03-6809-0452
【販　売】TEL.03-6809-0495
http://www.j-n.co.jp/
印刷・製本…………大日本印刷株式会社

ISBN 978-4-408-33888-0（第一趣味）